校企OTO新零售
综合实训教程

主　编○覃艳冰　吴　凤

XIAOQI OTO XIN LINGSHOU ZONGHE SHIXUN JIAOCHENG

西南财经大学出版社
Southwestern University of Finance & Economics Press
中国·成都

图书在版编目(CIP)数据

校企 OTO 新零售综合实训教程/覃艳冰,吴凤主编. —成都:西南财经
大学出版社,2024.2
ISBN 978-7-5504-6106-2

Ⅰ.①校… Ⅱ.①覃…②吴… Ⅲ.①网络营销—高等学校—教材
Ⅳ.①F713.365.2

中国国家版本馆 CIP 数据核字(2024)第 021736 号

校企 OTO 新零售综合实训教程

主编　覃艳冰　吴　凤

策划编辑:李晓嵩
责任编辑:李晓嵩
责任校对:王　琳
封面设计:何东琳设计工作室
责任印制:朱曼丽

出版发行	西南财经大学出版社(四川省成都市光华村街 55 号)
网　　址	http://cbs.swufe.edu.cn
电子邮件	bookcj@swufe.edu.cn
邮政编码	610074
电　　话	028-87353785
照　　排	四川胜翔数码印务设计有限公司
印　　刷	四川煤田地质制图印务有限责任公司
成品尺寸	185mm×260mm
印　　张	11.125
字　　数	191 千字
版　　次	2024 年 2 月第 1 版
印　　次	2024 年 2 月第 1 次印刷
印　　数	1— 1000 册
书　　号	ISBN 978-7-5504-6106-2
定　　价	29.80 元

编写委员会

黄仲华　唐愿源　汤桂海　杨　荔
覃艳冰　吴　凤　曾树生

编写组

主　　编：覃艳冰　吴　凤
副主编：杨　荔　付志鹏　曾树生
参　　编：练秋婵　韦方锦　姚华聪
　　　　　廖洁贞　温楚乔

前言

在互联网搜索引擎中输入"OTO"这个关键词，检索结果各式各样。比较普遍的说法为：OTO 英文全称"Online To Offline"，即线上与线下电子商务，是指在现实世界中商品或服务与线上的相关服务建立起关联关系的一种移动互联网商业模式。OTO 本质上是把线上的消费者带到现实的商店中去参与消费，即先在线上支付，再到线下去获取商品或享受服务。

OTO 本质上是一种营销的思维方式，是一种能够以互联网思维方式来形成新的竞争力的方式，即将互联网上无法做到的体验感实景化。开展实体营销的传统企业很清楚基于体验的行为能带来的好处在于产品感受真实化。客户在线上定制服务或商品，然后到线下进行现场体验，这是一种极具个性化的服务。就近、快速地享受到服务，这本身就是客户真实的需求。

2016 年 10 月，新零售模式在云栖大会上被首次提出。新零售模式可以将实体店与网店很好地连接起来，通过资源整合将两者打通，并实现自由转换，让消费者在享受线上便捷的同时，又可以享受与线下不一样的购物感受。新零售模式本质上还是 OTO，核心在于可以将线上、线下完美连接，并不断创新。随着现实的不断发展，OTO 迎来了行业的深度整合和价值重塑。未来，OTO 在行业调整中必将发挥更大的作用。

清远工贸职业技术学校与其产教融合的合作伙伴——北京华唐中科科技集团有限公司、广东联杰网络科技有限公司共建实训平台——相聚一家 OTO 新零售体验店，为学生提供真实的商业环境、真实的订单交易，带领学生进行全流程的标准化操作。"真实的商业环境+企业文化+企业管理制度"让学生切实融入运营中，感受整个项目实施过程和细节，全面了解电商模式运营全流程。职业素养课程进行体验式教学，进行全方位、立体化的"知识结构+职业素养"渗透。

相聚一家OTO新零售体验店主要服务校园生活，目前主要经营范围包括快消品、生活用品、电子数码产品、食品等，为学生提供便利、快捷的服务。目前，相聚一家OTO新零售体验店分为线上新零售店和线下体验店，通过将线上与线下有机结合，为学生提供良好的服务体验。

为了更好地服务校园和协助学校推进产教融合的工作，相聚一家OTO新零售体验店为学生提供工学结合的平台，旨在解决理论教学与实践脱节的问题。目前，相聚一家OTO新零售体验店设置了运营管理部、营销策划部、客户服务部、物流配送部、商品管理部、财务部等多个部门，提供真实的业务环境和交易订单，通过全流程的企业标准化操作，帮助学生提前适应和融入电子商务运营工作。

本书围绕相聚一家OTO新零售体验店相关的运营工作进行介绍，内容涉及店铺设置、商品管理、营销工具应用、订单与物流、运营数据分析、客户运营管理、营销策划等。为了提高电子商务专业实训水平，促进学生专业能力与职业素养的提升，相聚一家OTO新零售体验店对学生明确了实训岗位职责和标准要求，使学生熟悉OTO运营的全流程，以培养更加符合企业需求的综合型人才。

编者

2023 年 10 月

目录 CONTENTS

第一章

企业实训模式

第一节　企业实训目标

　　根据电子商务企业运作的实际情景，本书采用"理论+实际操作说明+实训任务"的模式，为电子商务专业的学生提供真实的企业实训情景；同时，顺应行业变化趋势，融入最新的行业知识。通过对本书的学习，学生可以更快适应电子商务行业的工作岗位，提升自身的竞争力。企业实训目标如图 1-1 所示。

熟知岗位知识

✓ 熟悉本专业岗位的职能
✓ 了解企业中其他岗位的职能

熟悉实训操作

✓ 通过实际操作与运营工作无缝接轨
✓ 在实践中能独立运营项目

✓ 善于运营的专业技能
✓ 拓展自身的其他技能

✓ 学会借鉴优秀的运营案例
✓ 打磨出属于自己的运营模式

提升专业技能

打磨优秀案例

图 1-1　企业实训目标

第二节　企业实训模式的内容

　　学生通过小组制、标准制、学分制的模式，开展企业实训，并达成实训目标。

　　小组制：学生以小组为单位开展实训。在学生初始能力不足的情况下，小组制能够扬长避短地发挥每名学生的作用，并培养学生的团队协作能力。小组制要求如图 1-2 所示。

> **5~8名学生为一组**
> ○ 5~8名学生组成一个运营
> 　团队，覆盖每一个岗位

> **在岗一人以上**
> ○ 每个岗位必须有一名学生
> 　在岗，并完成所在岗位工作

> **岗位设置**
> ○ 设置客服、运营、美工、
> 　物流、营销5个岗位

图1-2　小组制要求

标准制：根据现有的企业标准，学生完成项目的成绩须达到标准线以上。严格的标准能够迅速提升学生的技能熟练度和竞争力。以企业的标准要求学生，可以使学生能够尽快适应工作强度。标准制要求如图1-3所示。

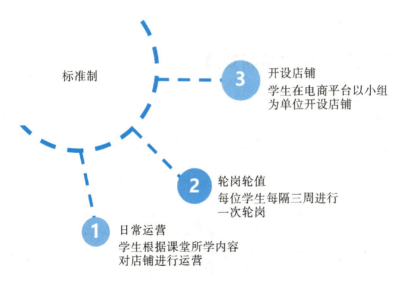

图1-3　标准制要求

学分制：将企业实训成绩纳入学分体系有助于学生能够认真对待课程，提升其学习积极性。学分制要求如图1-4所示。

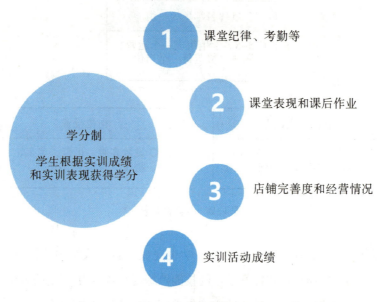

图 1-4　学分制要求

第三节　企业实训安排

本书的企业实训共有八部分内容,涵盖电子商务 OTO 新零售的全流程实训操作,从店铺设置到各项运营,旨在为学生提供一个完整的实训过程。企业实训安排如图 1-5 所示。

第一章	第二章	第三章	第四章	第五章	第六章	第七章	第八章
1课时	10课时	16课时	8课时	12课时	8课时	12课时	8课时
企业实训模式	店铺设置	商品管理	营销工具应用	订单与物流	运营数据分析	客户运营管理	营销策划

图 1-5　企业实训安排

第二章

店铺设置

本章实训技能点梳理：

本章实训技能点梳理如图 2-1 所示。

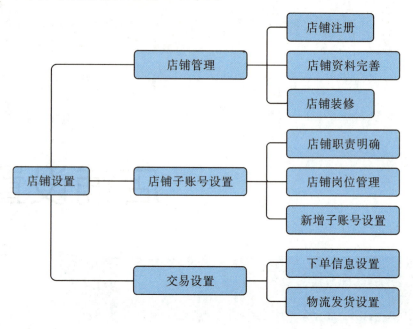

图 2-1　本章实训技能点梳理

实训背景：

目前，相聚一家 OTO 新零售店正在筹划将线下业务往线上发展，在确立项目之后，相关工作人员陆续推进网店建设。在测试过众多平台后，工作人员选择了"微店"平台作为线上业务阵地。为了满足教学使用，学生注册"微店"，配合相聚一家 OTO 新零售店打造新零售矩阵。

实训目标：

- ✓ 完成微店的开设、认证、资料补充
- ✓ 熟练操作微店的装修功能，美化商店
- ✓ 熟练操作交易设置
- ✓ 熟知微店各个岗位的职能
- ✓ 熟练设置岗位职能权限
- ✓ 熟练增减子账号

实训操作：

学生以小组为单位，5~7 名学生一组，设立项目小组开展实训。

第一节　店铺管理

实训目标：

✓ 完成微店的开设、认证、资料补充

✓ 熟练操作微店的装修功能，美化商店

一、店铺注册

（一）注册账号

1. 应用程序（App）注册

学生进入手机的 App 商店，下载安装"微店店长版"App，使用实名制手机号码注册商家账号（见图 2-2）。

图 2-2　App 注册界面

2. 网页注册

学生进入网页"www.weidian.com"，使用实名制手机号码注册商家账号。

注意：根据规定，该平台限制年龄 16 周岁以下人群注册。店铺开通微信支付功能需要店铺个人主体年满 18 周岁。因此，每个小组需要有一名年满 18 岁的成员，以便能够顺利开店，以满足项目教学要求。

（二）店铺初始设置

店铺名称设置：学生按照目前商家品牌"相聚一家"进行店铺名设置，即相聚一家 OTO（1 号店）、相聚一家 OTO（2 号店）……以此类推。

店铺标志（logo）设置：学生使用相聚一家 OTO 新零售店的 logo（微信搜索公众号"相聚一家"，下载 logo）。

店铺类型设置：学生将店铺类型设置为单店版（见图 2-3）。

图 2-3　店铺初始设置

注意：单店版与多店版的区别在于，单店版仅支持该店铺开设一家店铺；多店版需要企业主体认证，可在此店铺下设立多家连锁店铺。

店铺起名切记遵循法律法规要求，遵循公序良俗，切勿发布反动、色情、违法犯罪等不良信息。

经营类目：平台会根据商品比例进行自动分配类目，学生开设店铺时选择"日用百货"（见图 2-4），符合商城的属性。

是否有线下店铺：学生选择"是"。相聚一家商城有线下店铺，是结合线上和线下的 OTO 商城。

图 2-4　经营类目设置

二、店铺资料完善

在店铺经营中完善店铺相关信息是很重要的操作步骤，也是确保店铺正常经营的必要工作。以主体认证为例，《中华人民共和国电子商务法》第十条规定："电子商务经营者应当依法办理市场主体登记。"学生完成主体认证，方可从事电子商务经营。例如，学生开通支付接入口，方能进行便捷支付等。

（一）店铺认证

主体认证：学生选择"我是个人商户"。个人商户仅需要个人身份证就可以完成主体认证；企业商户则需要法定代表人身份证以及企业营业执照和运营者身份证方可完成主体认证。学生作为项目学习使用该平台，通过个人商户认证即可（见图2-5）。

详细地址：与个人身份证件上的地址一致。

市场主体：学生选择"个人零星小额交易活动"。

自2021年5月1日施行的《网络交易监督管理办法》规定，个人从事零星小额交易活动的，依法不需要办理市场主体登记。小额零星经营业务可按以下标准判断：按月纳税的，月销售额不超过3万元；按次纳税的，每次（日）销售额不超过300~500元（具体标准按照各省、自治区、直辖市有关部门规定执行）。

个人从事零星小额交易活动，需要在首次纳税义务发生后，依照税收征收管理法律法规的规定办理税务登记，并如实申报纳税。

图 2-5　主体认证

（二）店铺资料设置

营业时间：07:00 至 21:00。学生根据校内线下店铺营业时间设定。

收货方式：前往门店自提。

店铺地址：清远工贸职业技术学校。

客服电话、微信、二维码设置成组内负责客服的成员的信息。

店铺资料设置如图 2-6 所示。

图 2-6　店铺资料设置图

（三）微信支付开通

根据中国人民银行发布的《中国人民银行关于进一步加强支付结算管理防范电信网络新型违法犯罪有关事项的通知》的要求，学生完成微信支付商户开户。

自 2022 年 3 月 1 日起，新注册的微店商户需在微店平台注册完成后 10 个自然日内完成微信支付开户意愿确认，否则该店铺将在注册后的第 11 天起被限制使用微信支付功能。

例如，2022 年 3 月 1 日 0 时前注册的微店商家，需要在 2022 年 3 月 10 日 24 时前完成微信支付开户意愿确认，否则该店铺将自 2022 年 3 月 11 日 0 时起被完全限制使用微信支付功能。

微信支付开通操作如下：

准备资料：主体身份证。

操作步骤：填空资料和进行开户认证。

1. 填写资料

学生在微店商家版 App 首页，点击"店铺管理"进入页面，点击"交易设置"，选择"微信支付选项"，确认开户意愿，并完善资料，提交审核（见图 2-7 和图 2-8）。

图 2-7　微信支付认证（1）

图 2-8　微信支付认证（2）

2. 进行开户认证

24 小时后，学生再次进入微信支付开通页面，查看是否通过审核。若未通过审核，学生继续等待；若通过审核，学生进行下一步操作。

学生点击"开户授权"获取二维码，用店铺主体认证人的身份证进入微信扫描二维码，打开微信收到的开户确认通知，核实商户身份（见图 2-9 和图 2-10）。

图 2-9　微信支付认证（3）

图 2-10 微信支付认证（4）

学生正确填写身份信息（见图 2-11）。

图 2-11 微信支付认证（5）

学生进入下一步操作，核实收款商户号（见图 2-12 和图 2-13）。

图 2-12　微信支付认证．6）

图 2-13　微信支付认证（7）

学生确认商户号后，再次回到微信支付开通页面，继续完成其他商户号的开户授权。

三、课堂实训

（一）实训一

学生以小组为单位，开通微店店铺，按照前文所述操作，完成店铺的初步设置。作业示例如图 2-14 所示。

图 2-14　作业示例

（二）实训二

学生完成小组团队搭建。

人员要求：5~8 人一组（自由组队）。

岗位设置：客服岗、营销岗、运营岗、美工岗、物流岗。

四、店铺装修

相聚一家属于 OTO 零售店，属性与商超类似，因此装修界面适合多展示商品及品类类目，以便消费者能够清晰明了地找到需要的商品。在装修操作上，学生应选择商超列表模式。学生应根据行业属性不同，选择适合的装修风格。例如，服装类商家需要重点展示季节新品或流行品，可以使用大图商品栏展示；又如，电子产品类商家主推热销产品，可以选择推荐排行类的商品栏展示。店铺装修页面如图 2-15 所示。

学生进入 App 主页，选择"我的店"，点击"店铺管理"。

学生进入店铺管理页面，点击"店铺装修"，进行店铺主页架构的装修设置。

学生点击"插入"，选择"竖版"商品列表。

商品导航栏装修设置：对于类目繁多的商家来说，便捷性商品导航栏很重要，其能够帮助消费者快速找到相关产品。

学生点击"插入模块"，找到"导航"模块分类选项，选择"图片导航"插入模块（见图 2-16）。

图 2-15　店铺装修页面

图 2-16　"图片导航"插入模块

设置导航分类及图标：类目包括数码、生活用品、文具、餐具，并有对应的图标（见图 2-17）。学生使用分类搭配对应的图标更能清晰地展示类目，可以使消费者快速理解该类目，提升其购买效率。

学生在相关的图标网站下载以上类目的图标，进入"图片导航"模块，上传图标，设置类目名称，完成编辑。

图 2-17 设置导航分类及图标

第二节 店铺子账号设置

实训目标：

✓ 熟知微店各个岗位的职能

✓ 熟练设置岗位职能权限

✓ 熟练增减子账号

当店铺到达一定规模时，需要参与运营的人数就会增多，各岗位人员各司其职能够提升运营效率。因此，针对不同的部门或岗位，店铺需要赋予其不同的权限，以便开展运营工作。

一、店铺职责明确

在实际运营情况中，不同的岗位对应不同的岗位职责。学生作为运营中的一员，首先要明确自身岗位的职责及具体工作内容，其次要了解其他岗位的基本工作内容，从而更好地进行团队协作。在电商运营中，店铺主要岗位架构如图 2-18 所示。

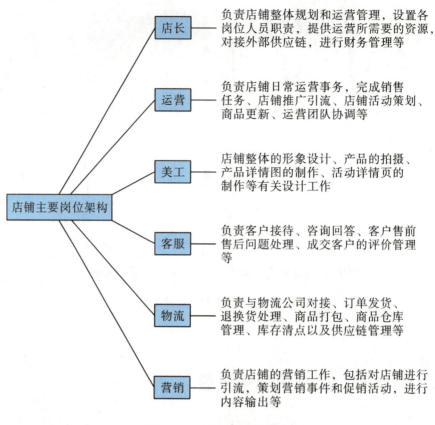

<figcaption>图 2-18 店铺主要岗位架构</figcaption>

二、店铺岗位管理

在日常运营中，店铺通过对岗位权限进行设置，将工作落实到位，将责任落实到人。岗位管理避免了工作重复或遗漏，提升了效率，保证了店铺运营秩序。

微店岗位一级权限如下：

（1）商品。

（2）订单。

（3）消息。

（4）店铺。

（5）客户管理。

（6）数据分析。

（7）营销推广。

（8）收入资产。

（9）服务市场。

（10）直播。

（11）公众号管理。

（12）分销（有店分销）。

（13）供货系统。

（14）团队管理。

（15）推广员。

（16）品牌货源。

（17）商机。

（18）连锁版销售分成。

（19）社区团购。

（20）知识付费。

（21）线下同城。

（22）专享小程序。

（23）视频号工作台。

（24）上车团。

学生根据店铺岗位的职责，对小组内的岗位设置相应的权限，方便组员获取对应权限开展运营工作。图 2-19 展示了每个岗位需要的运营权限（学生可以根据小组实际情况进行设置）。

在运营权限中，一级权限包括二级权限和三级权限，而二级权限包含三级权限，岗位的权限设置依此规律进行。

完成岗位的权限设置后，学生开始新建岗位，并给对应岗位设置相应的权限。

学生从"微店店长版"App 首页进入"店铺管理"，进入"子账号管理"，进入"岗位管理"，新建岗位（见图 2-20）。

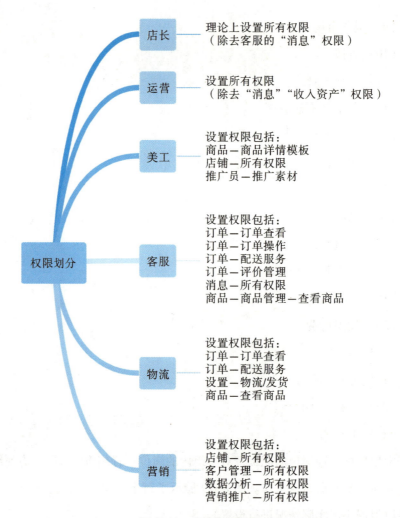

图 2-19　店铺岗位权限

图 2-20　店铺岗位设置

学生新建岗位，添加岗位描述和名称（根据各岗位情况填写），为各岗位勾选对应的运营权限，完成权限分配。

注意：以上的岗位权限设置并不是唯一的，学生应该根据运营团队的实际情况去设置。

岗位权限设置规则：相关性优先、便捷性优先。

三、新增子账号设置

在设置完成运营所需的岗位后，学生给岗位安排对应的工作人员。学生点击"新增子账号"，完成岗位人员的分配（若组内人数不足，学生可以一人身兼多个岗位）。

学生填写小组成员的手机号码和昵称，选择该组员的对应岗位，启用该子账号（见图 2-21 和图 2-22）。

图 2-21　岗位设置操作（1）

图 2-22　岗位设置操作（2）

完成以上操作，组员即拥有的店铺岗位的权限。学生用手机下载微店店长版 App，即可用手机账号登录，进入店铺。

四、课堂实训

根据已有的岗位，学生分配好各岗位的人员，新建子账号并启用。

第三节　交易设置

实训目标：

✓ 熟练操作交易设置

一、下单信息设置

完成下单信息设置有助于方便客户购买下单。客户下单信息设置是店铺运营中的重要设置。一方面，完善的下单信息能够保证正常的物流发货，使对应的商品能够顺利送达；另一方面，客户留下的下单信息能够作为本店铺的营销资料，以便后续为客户提供更好的服务。

营业时间设置：作为 OTO 零售店，线上的营业由线下的货物供应支撑，然而线下店铺有营业时间限制，因此线上与线下营业时间应该同步。根据客户群体的作息习惯，学生自定义营业时间为 07：00 至 21：00。

学生进入"店铺管理"，点击"店铺营业时间设置"，选择"正常营业"→"自定义时间"，设置营业时间为"07：00-21：00"（见图 2-23）。

图 2-23　营业时间设置

下单模板设置：作为 OTO 零售店，下单模板应该设置相关信息。自提模式需要设置姓名和联系方式，以便能将提货信息送达客户。物流模式需要客户填写收货地址信息，以便能将货物送达。

学生进入"店铺管理"，点击"下单模板"→"新建下单模板"，根据自提模式或物流模式，勾选相关的信息选项（见图 2-24）。虚拟产品需要填写充值账号（充值手机号、游戏账号）。法律规定需要身份证信息的产品，如手机卡等，需要勾选身份证号。

图 2-24　下单模板设置

二、物流发货设置

作为 OTO 零售店，门店进行收发货及售后处理等，学生应对物流信息加以完善。

学生点击进入"交易设置"，进入"到店自提"，开通到店自提功能，并填写店铺地址。学生统一填写自提地址。

学生点击进入"交易设置"，进入"新建退货地址"，填写物流岗位组员的联系方式，设置退货地址为售后指定地址（见图2-25）。

图 2-25　自提地址和退货地址设置

三、课堂实训

学生以小组为单位，完成导航栏的装修，完成课堂中所讲的交易设置。

相关素材参考网址：https://www.iconfont.cn/.

第三章

商品管理

本章实训技能点梳理：

本章实训技能点梳理如图 3-1 所示。

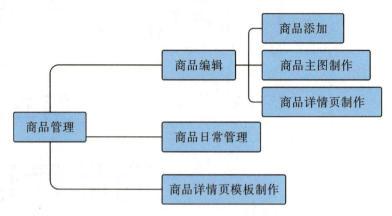

图 3-1　本章实训技能点梳理

实训背景：

在完成店铺前期的搭建后，相聚一家 OTO 新零售店准备以计算机周边产品作为主营产品开展运营。产品包括电脑办公、计算机配件、教育电子产品、手机配件等日常使用的热门产品。在确定了主营产品后，相聚一家 OTO 新零售店整合目前已有的供应商渠道，选出几款比较热门的产品，其中包括科大讯飞智能鼠标和翻译笔以及部分手机配件。

由于商品资料比较原始，一部分商品有完善的详情页，可以直接使用；另一部分商品仅有图片和文字介绍，不能直接上架到商城。因此，学生需要对商品信息进行卖点归纳和提炼，对图片进行设计和制作成详情页等适合产品上架的资料。学生结合实际，围绕商品编辑、图片制作、商品维护管理三个方面开展工作。

实训目标：

✓ 熟练掌握商品内容编辑、上架和下架的操作

✓ 熟练掌握商品主图卖点提炼、主图设计与制作

✓ 熟练编写商品详情页框架

✓ 熟练设计与制作商品详情页

✓ 熟练操作商品管理和设置

✓ 熟练制作商品详情页模块

实训操作：

学生以小组为单位，5~7名学生为一组，设立项目小组开展实训。

第一节　商品编辑

实训目标：

✓ 熟练掌握商品内容编辑、上架和下架的操作

✓ 熟练掌握商品主图卖点提炼、主图设计与制作

✓ 熟练编写商品详情页框架

✓ 熟练设计与制作商品详情页

一、商品添加

（一）商品编辑

商品编辑流程如下：学生点击"添加商品"，进入商品编辑模块，输入产品信息，创建商品。具体操作步骤如下：

第一步，学生添加商品。

第二步，学生上传商品图片或视频，图片分辨率为800×800像素，视频5分钟内。

第三步，学生根据重要程度拖动更换图片顺序。

第四步，学生填写商品名称。

第五步，学生选择门店自提的物流方式。

第六步，学生选择之前设置的下单模板。

第七步，学生添加商品的描述。

第八步，学生可以添加丰富的商品描述内容，包括视频、富文本、挂载其他商品等。

商品添加操作流程如图3-2和图3-3所示。

图 3-2　商品添加操作流程 1

图 3-3　商品添加操作流程 2

（二）商品编辑详情页的各项功能

富文本：富文本功能可以编辑丰富的文字样式、色彩、字体等。学生借助富文本功能，可以对商品文案进行重点描述，如加粗文案、改变字体、调整颜色等，以此增强商品详情页文案的视觉表现。

素材中心：素材中心功能提供现成的排版页面，学生插入素材即可生成丰富的图文描述。学生通过此功能，可以快速完成详情页编辑及美化。该功能适合设计能力不强的运营者，可以使其有效提升工作效率。

商品：商品功能可以挂载其他商品，作为关联推荐。例如，商品鼠标的详情页可以关联键盘的商品入口，方便消费者选购，以此提升营业额。

店长笔记：店长笔记功能可以丰富详情页介绍。学生在详情页中插入店长笔记的入口，可以从消费者的角度对商品进行介绍，方便消费者了解商品的功能和卖点，更容易说服消费者购买。

优惠券：优惠券功能，即在商品详情页挂载优惠券。学生通过优惠券增加消费者的下单欲望，可以达到促成交易成交的效果（见图3-4）。

图3-4　商品详情编辑页功能

（三）单级型号商品添加

单级型号商品是指一款商品下只有一级分类的商品。例如，产品智能鼠标有粉色、白色、绿色、黑色等颜色。

以智能鼠标为例，单级型号商品添加操作流程如下：

第一，学生添加商品，上传商品主图和编辑商品标题。

第二，学生设置型号为"单级型号"。

第三，学生点击"价格和库存"，具体设置每个型号的属性。

第四，学生勾选"型号列表"下的"图片"，设置好这个功能。消费者在浏览商品时，选购对应的商品，即可显示对应型号的主题，如选购白色鼠标，即显示该商品图片。

第五，学生根据产品的不同型号（颜色、款式、规格等）上传资料。目前，鼠标有粉色、白色、绿色、黑色，学生先填写好鼠标的型号及颜色，接下来逐个填写对应的价格、库存等信息。学生设置完一款型号后，再添加另一款型号。

单级型号商品添加操作流程如图3-5所示。

图 3-5　单级型号商品添加操作流程

（四）多级型号商品添加

多级型号商品是指一款商品下有多级的分类。

例如，翻译笔这款商品既有款式区分（S10、S11），又有颜色区分（绿色、蓝色、粉色）。

以科大讯飞翻译笔为例，多级型号商品添加操作流程如下：

第一，学生添加商品，上传商品主图，并编辑标题。

第二，学生勾选"多级型号"，并点击"商品型号"进入编辑。

第三，学生添加型号分类，填写款式，并在款式下添加型号"S10""S11"；完成后继续添加型号分类，填写颜色，并在颜色下添加"晴空蓝""樱桃粉""新竹绿"，点击"下一步"。

第四，学生继续设置对应款式和颜色商品的信息。

多级型号商品添加操作流程如图 3-6 和图 3-7 所示。

图3-6　多级型号商品添加操作流程1

图3-7　多级型号商品添加操作流程2

二、课堂实训

学生对表3-1中产品完成商品价格、属性、详情页编辑，并上架。

表 3-1　科大讯飞翻译笔产品价格

产品	型号	颜色	价格/元	库存/件	是否售卖
科大讯飞智能鼠标	统一型号	石墨黑	299	1 000	是
		松霜绿		1 000	是
		皓月白		1 000	是
		樱桃粉		1 000	是
科大讯飞翻译笔	S10	晴空蓝	999	1 000	是
		新竹绿		—	否
		樱桃粉		1 000	是
	S11	晴空蓝	1199	—	否
		新竹绿		1 000	是
		樱桃粉		—	否

三、商品主图制作

"关键词"决定了曝光度，而"主图"决定了点击量，两者结合形成了"流量"。那么，为了使主图能够第一时间吸引买家关注，卖家需要将多重卖点组合在一起，给买家造成强烈的视觉冲击力，让买家看到之后就想要立刻点击并购买商品。

商品主图制作要点如图 3-8 所示。

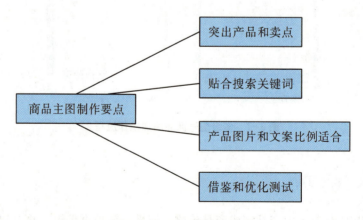

图 3-8　商品主图制作要点

（一）突出产品和卖点

产品主图中产品主体占比要高，即主图主要展现出产品及卖点，使买家第一眼就明白卖家在卖什么产品。主图示例如图 3-9 和图 3-10 所示。

| HOT 蜂王浆野生天然正品云南山蜂皇浆冻干粉片旗舰 | HOT 儿童感统攀爬训练乐园滑梯早教家用室内幼儿大型玩具 |

图 3-9 主图示例 1　　　　图 3-10 主图示例 2

如图 3-9 所示的产品是蜂王浆，要强调产品健康、原生态，可以将蜂蜜图片展现给消费者，或者将蜂蜜的提取过程以图片展示，而不是展示包装多么精美、风景看起来多么优美等无关的或非重点的信息。

如图 3-10 所示的儿童滑梯通过小孩子玩耍的场景展现，从产品功能的角度突出产品，使消费者迅速了解产品的作用和特点。

（二）贴合搜索关键词

卖家在制作主图的时候，必须让图片上的文案、产品标题、产品图片相对应，以达到关键词和文案贴合、关键词和产品贴合、文案和产品贴合的目的，特别是大流量词和成交词贴合。

如图 3-11 所示，消费者搜索"二合一笔记本"关键词，左侧搜索结果表明关键词与产品图片、产品文案一致；右侧搜索结果表明关键词与产品图片、产品文案不一致。消费者在浏览商品的过程中，如果发现商品与关键词不一致，会主动跳过与关键词不对应的产品，因为这不是消费者的目标产品。

图 3-11　主图示例 3

（三）产品图片和文案比例适合

1. 主图的尺寸和大小

主图的尺寸宜为 800 像素×800 像素或 750 像素×750 像素，大小尽量不超过 500KB。消费者在浏览商品的过程中，图片越大，浏览时花费的流量越多，加载速度越慢，特别是在网络信号差的情况下，影响消费者的浏览体验。

2. 主图中产品和文案的排列

主图的文案"既要大，又要小"（见图 3-12）。"大"是字号大，即能在主图中突出产品卖点，让消费者能够清晰地看到产品；"小"是占比小，即文案在主图中的位置占比不超过 20%，避免覆盖产品，影响产品整体视觉。

图 3-12　主图示例 4

（四）借鉴和优化测试

1. 横向对比

卖家要先研究同行的同类产品，与自己的产品进行多方对比，提炼出不同的卖点，实现差异化。

2. 纵向测试

卖家要多进行测试对比，将一个产品的两张主图做对比测试，根据后续数据判断哪张主图效果更佳。

以图3-13为例，相同的产品，实际价格相差无几，销量却相差一倍，原因在于商品卖点的差异化。图3-13中右侧图只是冷冰冰的产品介绍，与同类产品介绍的区别不大，文案描述没有特色；图3-13中左侧图中的商品主图文案上主要突出店龄展示和系统服务，更能吸引担心产品后续问题的目标群体的注意力。

图3-13　主图示例5

（五）主图设计的误区

图3-14中主图①：呈现过多无价值信息。主图的核心目的是向消费者传递有用的、有效的信息，方便消费者在浏览商品时进行筛选。主图①中的商品信息展示不突出主要卖点，消费者很难第一时间看明白，往往会直接略过。

图3-14中主图②：想展示的信息过多，但抓不住重点。主图设计要遵循"一秒原则"，即必须遵循让消费者在一秒钟之内看到重点。主图②展示的信息过多，没有主次分明，什么卖点都放在主图中等于没有卖点。

图3-14中主图③：手机端主图尺寸不兼容。相比于个人电脑端，手机端看到的图片尺寸必然会比个人电脑端小，卖家最好能将主图分开设计成手

机端适用的主图和个人电脑端适用的主图。主图③中，产品在主图中的占比过小，导致消费者在手机端看不清楚。

图 3-14　主图示例 6

四、课堂实训

学生按照课堂中学习到的如何制作主图的内容，完成如表 3-2 至表 3-5 所示商品的主图制作。

表 3-2　商品 1 的信息

商品	卖点	售价/元	成本/元	适用机型	参数
苹果磁吸无线移动电源充电宝	1. 磁吸吸附：吸附力强，晃动不掉，背后不留痕迹 2. 有线、无线 PD 快充：快充二合一，5W 快充+5W 无线快充 3. 安全防护：符合国际航空运输标准，无忧出行，安心携带乘机 4. 大容量 5000 mAh：小体积、容量大，满足快充所需 5. 同时充放：一边给充电宝充电，一边为手机充电 6. 薄至 11.6mm：携带方便	109	77	1. 任意带无线充电功能的手机 2. 磁吸吸附适用于 iPhone12 以上型号 3. 任意带磁吸壳或贴片的手机	产品名称：MagSafe 移动充电宝 输入：5-9V3A Max 额定容量：5000 mAh 电池类型：锂离子电池 输入接口：Lightning 材料：ABS+PC 尺寸参数：长95.8mm×宽 64.13mm×厚 11.6mm

表 3-3 商品 2 的信息

商品	卖点	售价/元	成本/元	适用机型	参数
苹果 A4 弹窗双耳蓝牙耳机	1. 低延迟：低延迟，畅玩游戏 2. 开盖自动连接：开盖自动连接，使用便捷 3. 支持改名定位：个性化设置，防丢定位 4. 无线充电：充电仓支持无线充电 5. 蓝牙 5.1：不断连，不延迟，音画同步 6. 高保真（HIFI）音质：立体音效，杜比音质	198	129	任意支持蓝牙功能的智能手机	—

表 3-4 商品 3 的信息

商品	卖点	售价/元	成本/元	适用机型	参数
颈挂式懒人手机支架	1. 任意弯曲：支架采用铝镁软管材料，任意弯度、角度、高度调节 2. 持久稳固支撑：固定持久不变形 3. 满足多角度视觉 360° 螺旋夹头设计，多角度可调节，自由旋转满足不同视觉需求 4. 广泛适用设备：人性化可伸缩夹口，广泛适用 4~10 寸的手机或平板电脑，实用性强 5. 优质防滑：支架悬挂脖子处采用防滑泡沫，防滑透气、柔韧、有弹性、不易塌扁，舒适使用、无压力 6. 不刮花手机：伸缩夹口设备五处防刮垫处理，不用担心设备刮花或掉落，稳固夹持	35	20	任意手机	产品名称：颈挂式懒人手机支架 固定部位：脖子或平面 颜色：全黑 产品特色：颈挂式 安装方式：颈挂式、摆放式、腰挎式 适用机型：大部分移动设备(4~10 寸)

表 3-5　商品 4 的信息

商品	卖点	售价/元	成本/元	适用机型	参数
小巴豆 X9 移动电源充电宝	1. 超大容量 20 000 mAh：可充满手机电量至少 4 次	78	48	任意手机	—
	2. 大屏数显：精准显示剩余电量				
	3. 双 SUB 输出口：同时给两台设备充电				
	4. 2.1A 输出口：充电速度更快				

五、商品详情页制作

在企业的实际运营中，每个岗位都是独立开展工作，并通过协作来完成整体运营的。在各岗位各司其职的同时，团队协作十分重要。详情页制作涉及文案、设计两个岗位，因此需要这两个岗位的工作人员配合完成。在大多数情况下，文案岗位不懂设计，设计岗位不懂文案，怎样才能让这两个岗位协作起来呢？答案就是制作商品详情页原形图。

详情页原形图就是把详情页的大概架构使用电子演示文稿（PPT）或脑图等软件，描述出一个大概示意图，在架构中加入商品信息、卖点等文案，并标记产品图片放置位置等。

商品详情页制作步骤如下：

第一，文案制作者先完成商品详情页原形图架构，提供准确的文案信息。

第二，设计人员根据详情页原形图，进行商品详情页设计。

（一）详情页原形图

详情页原形图的作用如下：

提升效率：让设计人员做得又快又好，设计人员根据详情页原形图设计详情页，能够快速完成工作，不需要思考太多文案问题。

易读性强：详情页原形图能够让商品信息模块层次分明，使消费者阅读起来更流畅。

逻辑性强：根据详情页原形图设计出来的详情页，逻辑自洽，层层递进，让消费者更容易被吸引。

详情页原形图大纲内容如图 3-15 所示。

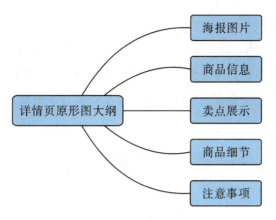

图 3-15 详情页架构

（三）详情页制作要点

1. 海报图片

以图 3-16 为例，海报图片占据位置约 1 屏（一个手机屏幕大小为 1 屏），主要突出商品的几个卖点以及商品的整体展示、营销活动等。

图 3-16 详情页示例 1

海报图片要明确商品，包括商品全称、型号等信息。例如，某些电子产品更新迭代特别快，但是外观没有变化，因此海报图片必须标明商品的具体型号全称等，以免消费者误解。

海报图片要传递商品的主要信息，如吸引目标群体的主要卖点。海报图片要使用好记、易理解的文案，让消费者快速理解商品特点。

海报图片要清晰展示产品的外观，使在消费者进入详情页的第一时间可以看到商品全貌。

2. 商品信息

以图 3-17 为例,商品信息板块主要说明商品的参数、属性、规格、用处等,展示商品参数,让消费者能从中了解商品特性。例如,对于电子产品而言,消费者比较注重商品性能;对于食品等而言,消费者比较注重成分、材料等。

图 3-17 详情页示例 2

3. 卖点展示

以图 3-18 为例,卖点展示板块展示商品的几个核心卖点,可以结合使用场景、用户诉求、直接罗列卖点等方面去展示。例如,新商品可以展示新功能的卖点;热门商品可以借鉴同行的商品介绍,实现差异化的效果。

卖点展示最主要的还是商品本身,卖家通过展示商品的卖点,进行归纳总结,让消费者更清晰、直观地了解产品。

卖点展示手法如下:

第一,直接罗列卖点的手法:对于大众消费品而言,卖家应直观清晰地列出卖点。

第二,"用户诉求+卖点"的手法:针对消费者遇到的问题,卖家应以对应的卖点提出解决方案。

第三,"使用场景+卖点"的手法:卖家可以通过场景的应用展示卖点,满足消费者的需求(见图 3-19)。

图 3-18　详情页示例 3

图 3-19　详情页示例 5

4. 商品细节

以图 3-20 为例，展示商品细节的图片适用于服装、艺术品、饰品等注重于外观的产品。卖家通过多方位的细节图，突出商品的工艺、材质，对追求细节的消费者更具吸引力。

图 3-20　详情页示例 6

5. 注意事项

以图 3-21 为例，注意事项主要针对商品的使用方式、储存保养、快递物流等问题进行提醒。

图 3-21　详情页示例 6

六、课堂实训

学生根据课堂上关于详情页制作的知识点，制作如表 3-2 至表 3-5 所示商品的详情页，提炼商品卖点归纳总结，先制作详情页原形图，再制作商品详情页（详情页规格：宽度为 750 像素，长度不定）。

第二节　商品日常管理

实训目标：

✓ 熟练操作商品管理和设置

一、分类管理

商品分类管理功能可以协助卖家更便捷地对商品进行管理，提升运营者的工作效率。商品分类管理页面如图 3-22 所示。

图 3-22　商品分类管理页面

学生点击"分类管理"，可以新增或删除分类，或者进行分类排序。

学生点击"管理商品"，可以进行商品排序、移除等操作。

学生点击"添加子分类"，可以细分商品的分类。

二、批量管理

学生进行批量管理操作，通过对商品进行批量设置，能够完成商品上架和下架、商品名称修改前缀和后缀、修改价格、物流模板、库存等操作，大幅提升运营效率。商品批量管理页面如图 3-23 所示。

图 3-23　商品批量管理页面

学生在商品管理页面勾选"商品",点击"批量操作",可以更改商品分类,或者"下架""删除"商品。

学生勾选"商品",点击"更多",可以快速更改商品的设置。

三、商品评价管理

商品评价管理功能可以对商品完成后客户的评价进行回复。对好评,卖家可以对客户进行答谢;对负面评价,卖家可以进行解释等,削弱负面评价带来的影响。同时,丰富的评价内容会体现店铺的亲切感,让消费者更满意。商品评价管理页面如图 3-24 所示。

图 3-24　商品评价管理页面

学生点击"更多"，进入"商品评价"，可以进行评价管理。

学生"回复"评论者，增强评论区互动性。

学生点击"转发到动态"，丰富店铺的内容。

学生点击"分享海报"，提升商品吸引力。

四、商品分享

商品分享有不同的分享形式，适用不同的场景。卖家根据消费者的场景，选择合适的分享方式，能够提升消费者的浏览体验。商品分享页面如图3-25和图3-26所示。

图3-25　商品分享页面1

图3-26　商品分享页面2

五、分销/代理设置

分销功能能够帮助卖家将商品多渠道分发销售，也可以帮助无货源商家利用流量资源去进行产品销售。分销功能的角色有两种，一种是分销商，另一种是供应商。

分销商，即代理供应商产品的角色，借助自有的客户群体、门店或可变现的流量，代理供应商的商品，进行售卖。卖出商品后，分销商可以获得由其与供应商协定的分成金额。

供应商，即提供商品的角色，不仅自身可以销售商品，也可以将商品分发给分销商销售，扩大销售范围。分销商卖出商品后，供应商给予其约定的分成金额，剩余销售额进账到供应商账户中。商品分销页面如图 3-27 所示。

图 3-27　商品分销页面

两种佣金设置方法如下：

学生点击"招代理"，选择"商品单独"，或者在主页点击"微店分销"→"供销商管理"→"分销商管理"，进入相关商品分销设置，即可按比例设置佣金。

学生点击"填入佣金金额"，可以按金额设置佣金。

按商品不同型号设置佣金如图 3-28 所示。

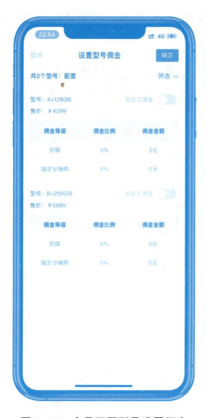

图 3-28　商品不同型号设置佣金

学生可以根据不同型号设置不同的佣金比例或佣金金额。
指定分销商佣金设置如图 3-29 所示。

图 3-29　指定分销商佣金设置

学生可以指定分销商享受不同比例或金额的佣金。

分享招代理页面如图 3-30 所示。学生可以一键生成代理海报直达分销入口。

图 3-30　分享招代理页面

六、课堂实训

学生为如表 3-6 所示的两款商品招募代理。班内各小组两两模拟总店和分销商角色，按比例设定分销佣金。

表 3-6　商品信息

商品	型号	颜色	价格/元	佣金比例/%
科大讯飞 智能鼠标 Lite	统一型号	石墨黑	299	5
		松霜绿		
		皓月白		
		樱桃粉		
科大讯飞翻译笔	S10	晴空蓝	949	6
		—		
		樱桃粉		
	S11	—	1199	6
		新竹绿		
		—		

第三节　商品详情页模板制作

实训目标：

✓ 熟练制作商品详情页模板

✓ 掌握商品公告模块设置

✓ 掌握商品说明模块设置

一、商品详情自定义模块设置

学生登录微店网页版，点击"商品管理"→"商详模板"→"商品详情自定义模块"，创建所需类型的自定义模块（见图3-31）。

图 3-31　商品详情自定义模块

商品详情自定义模块适用以下场景：

场景1：店铺内有1 000款商品，1 000款商品属于5个服装品牌，为增加商品卖点，店铺运营人员需要给每个商品的图文详情添加上对应的品牌说明信息。

场景 2：在春节假期之前，由于各方物流将陆续停止配送，店铺运营人员需要在每个商品的图文详情内配上相关公告，提前告知买家春节前停止发货和春节后正常营业的时间，避免买家下单后无法发货而产生纠纷，维护良好的客户关系。

在上述两类场景下，学生可以在店铺内创建对应的商品详情自定义模块，同时可以设置将该模块批量应用于全店商品或部分商品，降低操作成本。

（一）商家公告模块

商家公告模块（见图 3-32）适用于创建如春节期间快递发货说明等全店商品通用的公告信息，应用后在编辑商品详情页时不可见。

图 3-32　新建商家公告模块 1

学生点击"新建商家公告模块"，根据运营实际情况，选择"立即应用"或"暂不应用"。"立即应用"可以选择置顶或置底，学生点击"富文本"进入编辑界面，完成相关的店铺快递公告信息，之后点击"保存"（见图 3-33）。

图 3-33　新建商家公告模块 2

学生完成商家公告模块编辑后，如果应用到商品详情页置顶，那么所有商品详情页前面就会显示这项公告信息（见图 3-34）。

图 3-34　商家公告模块应用效果

（二）商品说明模块

商品说明模块（见图 3-35）适用于创建品牌说明、商品尺寸等商品信息，应用后可在编辑商品详情页时调整位置。

学生点击"新建商品说明模块"，点击"富文本"进入编辑界面，完成编辑，点击"保存"（见图 3-36）。

图 3-35　商品说明模块 1

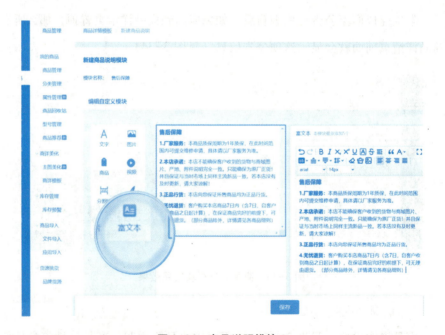

图 3-36　商品说明模块 2

　　学生在完成商品说明模块的编辑后，点击"去应用"→"选择商品"，对相关商品进行商品说明模块应用（见图 3-37 和图 3-38）。

图 3-37　商品说明模块 3

图 3-38　商品说明模块 4

　　学生选择一款已上架的商品，进行商品说明模块应用，设置"置底"，之后该商品详情页底部自动生成商品说明模块（见图 3-39 和图 3-40）。

图 3-39　商品说明模块 5

售后保障

1.厂家服务： 本商品质保周期为1年质保，在此时间范围内可提交维修申请，具体请以厂家服务为准。

2.本店承诺： 本店不能确保客户收到的货物与商城图片、产地、附件说明完全一致。只能确保为原厂正货！并且保证与当时市场上同样主流新品一致。若本店没有及时更新，请大家谅解！

3.正品行货： 本店向您保证所售商品均为正品行货。

4.无忧退货： 客户购买本店商品7日内（含7日，自客户收到商品之日起计算），在保证商品完好的前提下，可无理由退货。（部分商品除外，详情请见各商品细则）

购前说明

图 3-40　商品说明模块应用效果

二、课堂实训

学生按照上述课堂知识，完成商家公告模块和商品说明模块设置（截图提交）。

（一）实训一

商家公告模块内容如下：

模块名称：店铺公告。

设置：应用到全部商品且"商详置顶"。

设置以下店铺公告：受新冠疫情影响，部分高风险地区暂时不发货，具体按照各地防疫政策而定。商品签收时，确保包装无损毁，方可确认签收。

实训二

商品说明模块包括以下两项内容。

模块名称：售后保障。

设置：应用到所有电子产品中且"商详置底"。

设置售后保障包括以下四项内容。

厂家服务：本商品质保期为1年，消费者在此时间范围内可以提交维修申请，具体请以厂家服务为准。

本店承诺：本店不能确保消费者收到的货物与商城图片、产地、附件说明完全一致，只能确保为原厂正货，并保证与当时市场上同样主流新品一致。若本店没有及时更新，请消费者谅解！

正品行货：本店向消费者保证所售商品均为正品行货。

无忧退货：消费者购买本店商品7日内（含7日，自消费者收到商品之日起计算），在保证商品完好的前提下，可无理由退货（部分商品除外，详情请见各商品细则）。

三、详情页模板

卖家在店铺运营工作中会遇到需要大量上架商品的情况，为了提高效率，需要将图片和文字导入设置好的商品详情页模板中，这样可以大大减少商品上架的工作量和每个商品单独设计详情页耗费的时间。同时，对于设计能力比较欠缺的个人商家而言，商品详情页模板起到了一定的美化作用。

详情页模板的作用如下：

第一，提高商品详情页制作的效率。

第二，美化商品详情页。

第三，规范商品详情页架构。

学生点击"商品详情长图"→"默认通用"，进入编辑界面（见图3-41）。

图 3-41 商品详情模板页面 1

学生进行编辑，可以实现对模板中的文字和图片进行替换。

学生将默认通用模板的板块进行删减。

学生点击图片，点击左上角图标，替换产品图片（见图 3-42）。

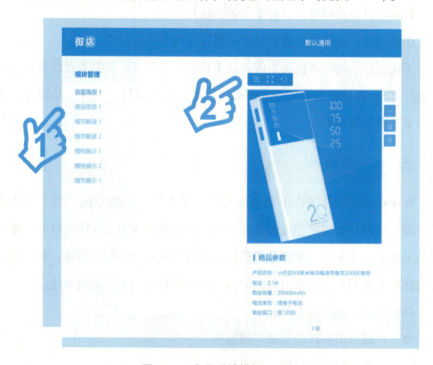

图 3-42 商品详情模板页面 2

四、课堂实训

学生将如表 3-5 所示的产品信息套入详情页模板，生成详情页并上架产品。

第四章

营销工具应用

本章实训技能点梳理：

本章实训技能点梳理如图 4-1 所示。

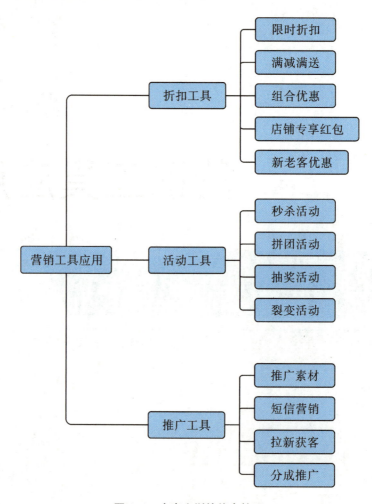

图 4-1　本章实训技能点梳理

实训背景：

相聚一家 OTO 新零售店开设后，为了给店铺引流并促进成交，运营团队经过讨论确定开展一场营销活动。可是，面对纷繁多样的营销工具，相关工作人员怎么选择？不同的工具的作用是什么？这些成了棘手的问题。

学生通过对营销工具的了解和使用，帮助相聚一家 OTO 新零售店解决以上难题。

实训目标：

　　✓ 熟练掌握整套营销工具中各营销工具的应用场景
　　✓ 熟练制作各种折扣券
　　✓ 熟练开展多种营销活动
　　✓ 熟练使用各个渠道推广工具
　　✓ 了解优惠类活动（优惠券）的叠加规则

实训操作：

　　学生以小组为单位，5~7 名学生为一组，设立项目小组开展实训。

第一节　营销工具的作用

实训目标：

　　✓ 掌握营销工具的作用

　　我们在操作使用营销工具前，先来了解一下营销工具的作用以及在运营中带来的价值。

　　第一，提升运营效率：在店铺运营的过程中，运用适合的营销工具可以提升运营效率，方便快捷开展日常运营和营销活动。

　　第二，丰富商品内容：就商品层面来说，营销工具赋予了商品更多的吸引力和卖点；就营销层面来说，营销工具赋予卖家更多的商品以外内容。

　　第三，高效获客：卖家借助营销工具，从推广到活动、获客、转化，再到客户留存，打通了整个交易环节，使得获客更为高效和流畅。

　　第四，完善运营体系：营销工具能够帮助店铺在商品、成交、营销活动、客户运维这几个板块提供强有力的补充，有助于完善整个运营体系。

　　从营销工具的以上特点来看，其确实对店铺运营的帮助极大。但是，营销工具种类繁多，我们怎样从不同类型的营销工具中选择我们需要的营销工具呢？首先我们来看看如图 4-2 所示的微店平台的营销工具分类。

一、折扣券类工具	二、活动工具	三、推广工具
针对店铺或单品发起的优惠折扣活动所使用的营销工具。其旨在增加商品、店铺的价格吸引力。折扣券数工具配合营销活动使用效果更佳	在日常运营中，卖家在营销日发起活动所用到的活动工具。其可以增加店铺的趣味性、娱乐性、社交性等，丰富店铺内容，使得消费者更有意愿成交	通常在店铺成立初期或在店铺营销活动日较常使用的营销工具。其通过借助推广工具，增加店铺流量，或者通过活动增加人气

图 4-2　营销工具分类

第二节　折扣工具

实训目标：

√ 针对不同的营销场景，熟练使用各种折扣券

√ 了解优惠类活动（优惠券）的叠加规则

在微店店长版应用程序的店铺首页，学生点击"营销推广"，进入打折工具，在日常运营中可以对商品或店铺设置适用于不同场景的折扣券，其中包括单品级折扣券、店铺级折扣券、平台级折扣券。

单品级折扣券：针对某一款商品适用优惠折扣的折扣券，只适用于某款单品。

店铺级折扣券：在店铺中通用的，或者某几款品类、商品通用的优惠折扣券，即适用于跨单品的优惠券，如满减满送、组合优惠、店铺专享红包、新老客户优惠等折扣券。

平台级折扣券：电商平台通用的折扣券，或者电商平台中同品类下的所有商品都适用的折扣券，适合跨店铺使用，如微店通用折扣券、手机数码折扣券等。

折扣券示例如图 4-3 所示。

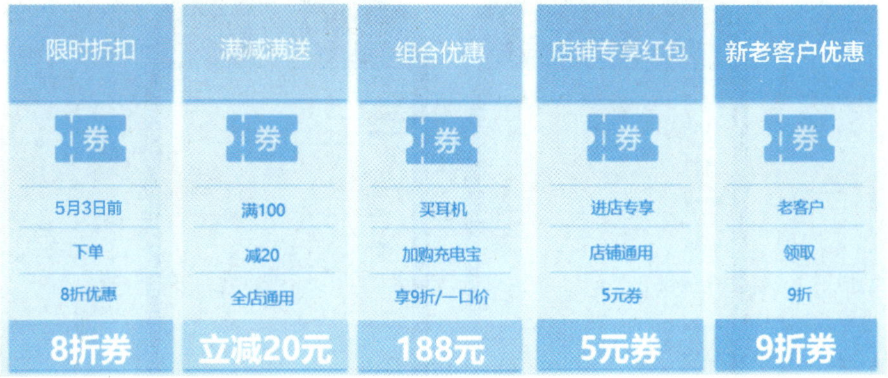

图4-3　折扣券示例

一、限时折扣

限时折扣是对店铺某件单品设置的折扣券。限时折扣的功能如下：

第一，有时间限制，低价刺激用户下单，提高产品销量。

第二，使店铺在短时间内获取更多流量，提升店铺人气。

第三，支持添加不同商品参与限时折扣，增加用户选择。

限时折扣的规则如下：

第一，限时折扣支持批量添加商品。

第二，可以设置单个商品的折扣价格。

第三，同一商品可以设置不同的折扣比例。

第四，限时折扣的商品拍下后3小时内未付款将自动关闭订单，订单中的商品库存会恢复。

第五，有每人限购数量，即在本次活动时间内，每个用户可以购买的此商品数量的总和（包括所有型号的总和）有限。

第六，设置限时折扣后不得随意修改商品原价，修改商品原价可能会造成价格或折扣显示异常。

学生在"打折工具"一栏，点击"限时折扣"，添加限时折扣券。学生设置折扣券名称，设定生效时限，添加一件或多件参与折扣的商品。学生可以对每件商品设置同一折扣或折扣价，也可以针对不同商品设置不同的折扣或折扣价。学生设置完成，点击"保存"生成商品的限时折扣券（见图4-4）。

图 4-4　限时折扣券设置

　　在折扣券的管理页面中，学生可以点击"管理"，编辑折扣信息或停用，也可以点击"数据"，查看限时折扣券的领取数量和销量信息等营销数据（见图 4-5）。

图 4-5　限时折扣券管理和应用

二、满减满送

满减满送是指在店铺消费满金额或商品件数达到条件，即获得减少订单金额或赠送赠品的优惠形式。满减满送是店铺运营中比较常用的促销券，其形式多种多样。

满减满送的规则如下：

第一，满金额立减，如满 100 元立减 10。

第二，满金额打折，如满 100 元打 9 折。

第三，满金额送赠品，如满 200 元送 2 件赠品。

第四，满金额既打折又送赠品，如满 100 元打 9 折，满 200 元送 2 件赠品，满 300 元打 8.5 折并送 3 件赠品。

第五，满金额既立减又送赠品，如满 100 元减 10 元，满 200 元送 2 件赠品，满 300 元减 30 元并送 3 件赠品；

第六，满件数立减、打折、送赠品、立减送赠品、打折送赠品。

学生在营销推广中点击"打折工具"→"满减/增"，可以进入添加满减满送券（见图 4-6）。

图 4-6　满减满送券设置 1

学生可以选择"满金额减/赠"或"满件数减/赠"，并设置名称、时限、商品范围，再进行优惠内容设置。

优惠内容可设置为阶梯式，如满 1 000 元减 20 元，满 2 000 元减 50 元等。优惠内容还可以设置为循环式，按照循环配置，活动商品只要满足消费门槛，即可根据设置的规则循环叠加享受优惠，上不封顶。

满减满送需要注意以下事项：

第一，满减满送最多设置 5 级，每增加一级，订单金额和减价金额都必须大于上一级。

第二，同一时间段内，一件商品只能参加一次满减满送活动，即满金额优惠或满数量优惠；同一时间段内，"全店满减"和"部分商品满减"不能同时存在。

第三，优惠规则为消费者下单时，店铺按照限时折扣、会员折扣、新客价、满减、加价换购、优惠券、包邮等顺序进行计算，上述优惠可以叠加。

为避免折上折造成亏损，满减和私密优惠不再叠加。

学生设置好优惠金额，添加赠品，设置赠品库存，预防赠品不足的情况发生（见图 4-7）。

图 4-7 满减满送券设置 2

学生完成满减满送券设置后，在店铺首页及购物车可以展示满减满送的优惠信息（见图 4-8）。

图 4-8　满减满送券应用效果

满减满送的适用场景如下：

第一，大促期间，满减送有助于提升店铺销售额。

第二，多件连卖，满减送有助于节省邮费。

第三，换季清仓，满减送有助于快速处理库存。

三、组合优惠

在店铺运营中，组合优惠适用于以热卖品带动清库存、促销期间增长营业额、商品组合优化提升利润和降低成本等情况。

组合优惠俗称"优惠套餐"，其功能优势如下：

第一，提高商品曝光率。卖家创建优惠套餐后，套餐内任一商品的商品详情页都会出现包含商品基本信息的优惠套餐入口，买家在浏览商品详情页时，会看到相关套餐的其他商品。

第二，引发关联购买。买家可以按优惠价一键购买整个套餐，卖家实现关联销售。

第三，场景化解决方案可以提升客户满意度。卖家提供了一套整体的购买解决方案，对于很多怕麻烦或不知道怎么搭配的买家来说，多套针对性的优惠套餐能够提升购买效率和购物体验。

第四，多种营销方式。优惠套餐活动可以生成套餐链接和二维码，卖家可以将生效的套餐链接和二维码加以分享，开展各种促销活动。

优惠套餐的使用规则如下：

第一，一个商品最多可以参加 4 个优惠套餐活动。

第二，优惠套餐设置限购后，买家只能购买限购数量的套餐，购买单品不受影响。

第三，如果套餐商品出现库存不足或已售完的情况，则该套餐不可购买。

第四，套餐优惠只能与"满包邮"优惠叠加，不能与其他优惠叠加。

学生点击营销推广中"打折工具"一栏，点击"优惠套餐"可以进入添加套餐界面。学生设置优惠组合的名称、时限，添加组合商品，设置一口价或折扣，点击"确定"，生成优惠组合（见图 4-9）。

图 4-9　组合优惠设置界面

完成设置的优惠组合将在店铺首页的"活动"一栏或在商品购买页显示（见图 4-10）。

图4-10　组合优惠应用效果

四、店铺专享红包

店铺专享红包是商家给消费者优惠福利的工具，优势是在增强用户黏性的同时促销商品。买家领取无门槛大额红包，并及时消费，可以获得购物实惠。店铺专享红包的主要适用场景如下：

第一，吸引和促进消费者下单。

第二，以红包的形式回馈消费者，增进客户关系。

第三，可以发到微信群，以拼手气的方式，活跃客户群气氛。

学生点击"店铺专享红包"→"普通店铺红包"，设置红包金额，根据需求设定为随机金额红包或固定金额红包，并设置红包数量。学生点击"发红包"，通过扫码或直接分享的形式发送至客户，客户点击即以收红包的形式领取，在个人中心卡券包可见。店铺专享红包应用效果如图4-11所示。

图 4-11 店铺专享红包应用效果

五、新老客户优惠

（一）新客户优惠

新客户优惠的重要工具之一是新客户专享优惠券（简称"新客专享券"）。新客专享券是指通过发放该优惠券，激活新客户转化的折扣券工具。

新客专享券的适用群体如下：

第一，用户从未在店铺进行过消费。

第二，用户从未领取过新客专享券。

第三，用户下单未付款或下单后全部退款情况下仍为新客户。

第四，用一段时间内未在店铺复购，则恢复成新客户。

新客专享券的优势如下：

第一，新用户领取优惠券时会自动关注店铺，有效增加店铺粉丝量。

第二，新用户在进入店铺后，会自动弹出新客专享券礼包，提升活动曝光度。

第三，新客专享券可以设置全店通用、指定商品可用、指定商品不可用等，设置条件灵活。

第四，卖家可以查看领取新客专享券的用户信息和使用信息，管理便捷。

学生在"新客成交"一栏，点击"新客专享券"，设置新客专享券金额和门槛，生成新客专享券。用户首次进入店铺，即看到弹出的新客专享券，关注店铺即可领取。新客专享券应用效果如图4-12所示。

图4-12　新客专享券应用效果

（二）老客户优惠

老客户优惠是指对已经在本店铺有过购买行为的客户进行刺激，使其重复购买的折扣券工具。老客户优惠的优势如下：

第一，促进老客户二次购买，提升成交转化率。

第二，客户下单后领取老客户优惠券（店铺可以设置使用周期），提升客户黏性。

学生在老客复购一栏，点击"复购券"，设置金额、优惠规则和发放规则。客户下单后，在支付页面或确认收货后，系统会提示券已发放到客户的个人账户。老客户优惠应用效果如图4-13所示。

图 4-13　老客户优惠应用效果

六、各种折扣工具的叠加规则

每个平台的折扣工具的叠加规则不同，卖家如果错误设定可能会导致亏损的情况。目前，微店折扣工具的叠加规则如下：

第一，一口价类型（拼团、砍价、秒杀、预售、阶梯拼团）活动仅可以与店铺级的"满包邮"活动叠加生效。

第二，单品级优惠活动可以与店铺级、平台级的优惠活动叠加，单品级优惠活动不可互相叠加，而是以优惠力度最大的活动生效。

第三，店铺级优惠活动可以与单品级优惠活动、平台级优惠活动叠加。

第四，平台级优惠活动（包括代金券、现金红包）的优惠部分由平台补贴，除了拼团、秒杀、砍价等一口价活动外，均可叠加使用。叠加规则示例如图 4-14 和图 4-15 所示。

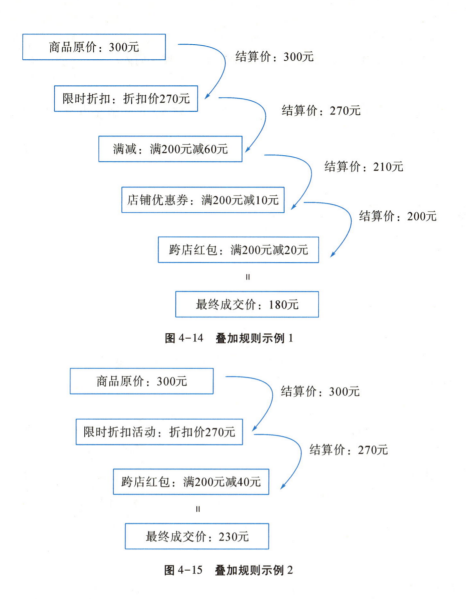

图 4-14 叠加规则示例 1

图 4-15 叠加规则示例 2

七、课堂实训

小组分工完成以下折扣券设置。

（一）店铺专享红包

规则：5 元 1 个，数量 100 个，时限一周内。

（二）新客专享券

规则：5 元新客专享券，满 5.1 元可用，时限一周内。

（三）老客户优惠券

规则：19 元老客优惠券，满 20 元可用，时限一周内。

（四）限时折扣券

规则：充电宝，9 折抢购，时限一周内。

（五）优惠组合

规则：充电宝+蓝牙耳机一口价 188 元，时限一周内。

（六）满减满送券

规则：满 1 000 元减 20 元，满 2 000 元减 50 元并赠充电宝，时限一周内。

第三节 活动工具

实训目标：

√ 根据营销计划，熟练使用各种营销活动工具

活动工具在店铺运营中发挥着很大的作用，能够帮助店铺提升活跃度、增强客户黏性。活动工具的类型如图 4-16 所示。

秒杀活动
秒杀活动是重要的营销工具，作用是获取新客或用少数单品的低价来带动其他商品的销量

抽奖活动
抽奖活动为营销提供了趣味性玩法，是营销工具中必不可少的偏社交玩法的工具。大部分买家喜欢免费的抽奖活动，这对于卖家来说更容易提高店铺流量和提升买家忠诚度与客户黏性

拼团活动
拼团活动是常用的营销工具，作用是助力卖家用户裂变和提升成交转化率，实现销售额的增长

裂变活动
裂变活动是卖家增加用户的重要工具，通过发起裂变券，让买家邀请好友助力完成拉新，同时刺激商品转化和成交

图 4-16　活动工具的类型

一、秒杀活动

秒杀活动通过制造紧张的促销氛围，以诱人的商品价格，在一段时间内促成交易和提升成交转化率。

秒杀活动的优势如下：

第一，短时间内形成高成交转化率的效果。秒杀活动营造紧张的促销气

氛，刺激用户抢购。

第二，秒杀活动通过诱人的低价，吸引用户眼球，挖掘潜在用户。

第三，秒杀活动可以设置定时抢购，选择用户进店最佳时间，带动店铺销售，有利于清理库存。

秒杀活动的主要适用场景如下：

第一，短时间内快速吸引用户进店，从而成为潜在用户。

第二，作为粉丝福利在老客户群里进行传播，维系好老客户。

第三，库存清仓。

第四，带动店铺销售。

学生点击"打折工具"一栏，选择"秒杀"，进入添加秒杀活动页面，选择参与秒杀活动的商品进行设置。设置完毕后秒杀活动价在秒杀商品页面展示。同一时间段内，一个商品只能参加一个秒杀活动；同一商品可以参加多个不重叠时间段的秒杀活动。

秒杀活动的技巧如下：

第一，"限时+限量+超低价"。

第二，秒杀活动可以提前在朋友圈或客户群预热。

第三，秒杀商品数量建议 1~2 款为宜。

第四，秒杀商品品类能覆盖较广泛的目标人群。

秒杀活动的设置与应用效果如图 4-17 所示。

图 4-17　秒杀活动的设置与应用效果

二、拼团活动

拼团活动对于商家而言是有效的裂变获客和提升成交率的方式，是微店商家常用的营销工具，它能帮助店铺借助社交圈子的力量，快速获取客户和订单。

拼团活动的优势如下：

第一，买家可以享受拼团价，刺激用户积极分享，快速成交。

第二，拼团支持分享，由老客户裂变新客户，增加店铺客源。

第三，拼团未成功系统会在规定时间内自动填满人数，并允许陌生人加入拼团，提高拼团成功率，促进成交。

第四，拼团活动利用用户身边的资源流量，顺应社交趋势快速引流。

第五，商家可以自主设置商品限购，防止一个用户享受多个折扣商品。

拼团活动的设置技巧如下：

第一，用已经打造出来的爆品通过拼团活动来刺激用户购买。

第二，"低价"加上"多人成团"，等于更多新客。

第三，拼团活动尽量配上商品图片或视频，丰富文字介绍让顾客充分了解商品并且被价格吸引，提升用户参与度。

第四，卖家每天选择一款商品开展拼团活动，避免同一时间主推多个商品，造成用户注意力分流，而达不到活动效果。

学生点击"裂变获客"一栏，选择"拼团"，进入添加参与拼团的商品并设置拼团信息。设置完毕后拼团活动在参团的商品页面可见。

用户可以通过发起拼团，在商家设置的"×人成团"的规则下，邀请好友拼团，从而以拼团价购买。

拼团活动的设置与应用效果如图 4-18 所示。

图 4-18 拼团活动的设置与应用效果

三、抽奖活动

免费的趣味性抽奖活动是店铺流量增长的必备工具。

抽奖活动的优势如下：

第一，刺激用户二次消费。

第二，培育用户忠诚度。

第三，增加店铺流量，提升用户黏性。

学生点击"裂变获客"一栏，选择"抽奖工具"，进入发起抽奖活动页面，设置抽奖信息，选择中奖奖品为商品或优惠券，确定中奖概率和人数。学生返回"添加抽奖"页面，在抽奖宫格中选择奖品，生成抽奖轮盘。完成设置后，抽奖活动可以通过海报、自主链接、二维码等显示入口。抽奖工具的设置与应用效果如图 4-19 所示。

图 4-19　抽奖工具的设置与应用效果

四、裂变活动

裂变活动是通过创建并发布裂变券，在商品页面展示，买家分享邀请好友助力的方式领券的活动。

裂变活动的优势如下：

第一，全店商品页面展示，无需手动分享，快速"裂变获客"。

第二，支持自动发券，促使成交转化。

第三，裂变式获得流量，支持邀请多个好友助力，迅速拉新。

学生点击"裂变获客"一栏，选择"裂变券"，进入添加裂变券页面，选择全店商品或某一商品，设置裂变券的信息、金额、助力人数等。完成设置后，裂变活动在商品购买详情页面可见。买家可以在店铺商品详情页面看到分享领券活动入口，点击分享即可邀请好友助力，参与活动。

裂变活动的设置与应用效果如图 4-20 所示。

图 4-20　裂变活动的设置与应用效果

五、课堂实训

小组分工完成以下活动设置。

（一）秒杀活动

规则：商品磁吸充电宝，秒杀价 99 元，时限一周内。

（二）拼团活动

规则：商品蓝牙耳机，拼团价 109 元，2 人成团，时限一周内。

（三）抽奖活动

规则：中奖奖品为懒人支架、蓝牙耳机、磁吸充电宝，中奖概率为 0.1%，数量为一件，每人最多参与一次，时限一周内。

（四）裂变活动

规则：无门槛 5 元券，指定商品蓝牙耳机，助力人数一人，时限一周内。

第四节　推广工具

实训目标：

✓ **熟练使用各个渠道推广工具**

店铺在运营初期通过一些推广方式，获取初始流量；在营销活动中借助推广工具增长流量类型如图 4-21 所示。

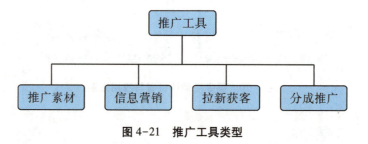

图 4-21　推广工具类型

一、推广素材

在日常的推广中，卖家需要使用大量的推广素材，特别是商品或活动的海报。为了提高效率，卖家可以借助相关的素材工具，减轻运营中的繁琐工作。

学生点击"特色工具"→"海报中心"，选择符合商品或活动风格的模板，输入商品或活动的信息，生成海报（见图 4-22）。

图 4-22　推广素材编辑页面

二、信息营销

信息营销对象按照客户标签分为新进用户和成交客户。对新进用户，卖家可以使用定向营销工具，比如通过短信发放权益（如优惠券等），旨在促成交易。对成交客户，卖家可以通过短信营销工具，提醒付款、收发货、好评等，维护客群关系。

定向营销操作如下：

学生点击"客户运营"→"定向营销"，添加运营计划，选择"店铺粉丝"，编辑运营计划，选择发送优惠券或权益，点击"立即开启"（见图 4-23）。权益发送成功后，店铺粉丝将会收到短信通知。

图 4-23　定向营销

短信营销操作如下：

学生点击"特色工具"→"短信营销"，新建短信，自行编辑短信内容或选择模板，添加店铺或商品链接，选择发送对象，设置完成后点击"立即发送"（见图 4-24）。

短信发送规则如下：

第一，短信为 70 字一条。

第二，短信内容不可包含平台禁词。

第三，营销短信发送时间为 8:00 至 18:00，特殊时间（如"双十一"、年末促销等）除外。

第四，国外号码不支持发送短信。

图 4-24　短信营销

三、拉新获客

拉新获客主要通过微店中"拉新客"工具实现，"拉新客"工具也成了重要的推广工具之一，属于效果付费广告。只有新客第一笔订单会收费，新用户复购、老客户下单不受影响。在满足新客的条件下，用户在微店应用程序下单，交易完成后扣除佣金。

商家使用"拉新客"工具，微店平台将会把商家的商品在搜索结果页提权，当有用户成交微店才会收取佣金。

学生点击"官方推广流量"→"拉新客"，设置全店佣金以及单独设置主推商品佣金（见图 4-25）。

图 4-25　拉新获客

四、分成推广

分成推广是指商家确定商品的推广佣金，推手通过分享到不同渠道获取的推广链接成交而赚取佣金的一种重要推广方式。

分成推广主要分为两种模式：一种是借助外部的关键意见领袖（KOL）、主播、推广客等推手通过指定链接渠道完成交易；另一种是通过微店官方对接的流量平台，借助平台的流量获客完成交易。

学生点击"我要分销"→"分成推广"，设置全店分成比例以及主推商品分成比例。学生点击"推手宣传"，生成专用推广链接（见图 4-26）。

图 4-26　分成推广

五、课堂实训

小组分工完成以下推广工具设置。

（一）生成推广素材

为商品（充电宝）生成集赞海报。

（二）拉新获客

设置全店拉新获客佣金比例为 10%。

（三）分成推广

设置全店分成推广分成比例为 15%。

第五章

订单与物流

本章实训技能点梳理：

本章实训技能点梳理如图 5-1 所示。

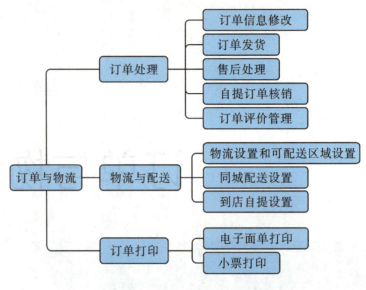

图 5-1　本章实训技能点梳理

实训背景：

在经过实施一系列的营销活动后，相聚一家 OTO 新零售店的订单量暴增，随之增加的还有工作量。面对陡增的订单压力，运营人员苦恼不已。在运营过程中，每天几百上千的订单需要进行处理，其中打单、填单更是巨量工作，售后问题也一直拖着未处理，遭到客户投诉。一系列问题导致运营团队工作效率低下，运营负责人苦不堪言。那么，我们怎么帮助相聚一家 OTO 新零售店解决这些问题呢？本章主要针对订单与物流相关的知识点进行讲解，同时提出相应的措施，帮助运营团队解决问题。

实训目标：

✓ 熟练操作订单的日常处理

✓ 熟练操作物流相关的设置

✓ 熟练使用各种打印工具

实训操作：

学生以小组为单位，5~7 名学生为一组，设立项目小组开展实训。

第一节　订单处理

实训目标：

✓ 熟练掌握订单信息修改操作

✓ 熟练掌握批量发货操作

✓ 灵活应对评价管理

在日常的店铺运营中，卖家需要对产生的订单进行相关处理，这是店铺运营最重要的一项内容。在订单管理页面，卖家可以通过多维度筛选订单，查看订单状态，处理发货、退款、售后、修改信息等操作以及导出订单数据。本节主要围绕订单处理的日常操作进行讲解。

学生主要使用微店网页版进行操作，网页端登录 d.weidian.com，点击左侧"订单"选项，进入订单管理页面。订单处理的内容如图 5-2 所示。

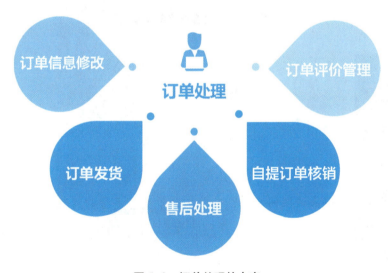

图 5-2　订单处理的内容

一、订单信息修改

订单信息修改主要包括修改客户信息、修改商品信息、修改价格、修改物流信息，运营人员应根据实际运营中遇到的情况进行操作。

（一）场景 1：修改客户信息

客户在购买后发现收货地址填写错误，找到客服帮忙修改收货地址，客服该怎么操作？

操作方法如下：

学生登录网页 d.weidian.com，点击"订单"→"订单管理"，进入订单管理页面，点击该订单的"订单详情"→"修改"，完成包括收货人地址、收货人联系电话等信息的修改（见图 5-3 和图 5-4）。

图 5-3　修改客户信息操作 1

图 5-4　修改客户信息操作 2

注意：如果订单已发货，在微店系统里是不能修改收件人信息的。

（二）场景2：修改商品信息

客户在购买后想更换该商品的颜色（不同颜色价格相同），找到客服帮忙更换，客服该怎么操作？

操作方法如下：

学生点击该订单"卖家备注"，填写需要更换的颜色后，通知商品打包人员（见图5-5和图5-6）。

图5-5　修改商品信息操作1

图5-6　修改商品信息操作2

（三）场景3：修改价格

有一位客户一次性购买了100件商品，拍下未付款，找到客服问能否给予一定的优惠价格。客服向运营主管反映，并在取得运营主管同意后告知客户相关优惠。客户接受该优惠条件后准备付款时，价格还和原来一样，客服该怎么操作？

操作方法如下：

学生点击"订单管理"→"待付款"→"修改价格"，根据双方协商好的价格进行修改（见图 5-7 和图 5-8）。

图 5-7　修改价格操作 1

图 5-8　修改价格操作 2

注意：修改价格只能针对"未支付"的订单，其在 48 小时内支持修改货款和运费。

（四）场景 4：修改物流服务

客户下单后向客服反馈物流信息一直没有更新，客服检查后发现快递单号填写有误，客服该怎么操作？

操作方法如下：

学生点击"订单管理"→"已发货"，找到该订单，点击"订单详情"→"修改物流方式"，填入正确的快递单号和快递公司（见图5-9和图5-10）。

图5-9　修改物流信息操作1

图5-10　修改物流信息操作2

二、订单发货

（一）单件发货

学生点击"待发货"，选择需要发货的订单，点击"发货"，填写快递单号和快递公司，完成后点击"发货"。如果有不使用物流的订单，学生选择"无需物流"选项，点击"发货"，完成操作（见图5-11和图5-12）。

图 5-11　单件发货操作 1

图 5-12　单件发货操作 2

（二）批量发货

有时候，面对成百上千的订单，逐个设置发货会降低运营效率。这时候，运营者可以通过批量发货的操作，提升发货效率，减少不必要的工作流程。

操作方法如下：

学生在订单管理页面选择下单时间段，筛选配送方式为"快递发货"，订单状态为"待发货"，点击"筛选"，勾选所有订单（见图 5-13）。

学生点击"批量导出"，选择导出方式为"全部导出"，选择报表类型为"订单商品维度"，点击"确认导出"（见图 5-14）。

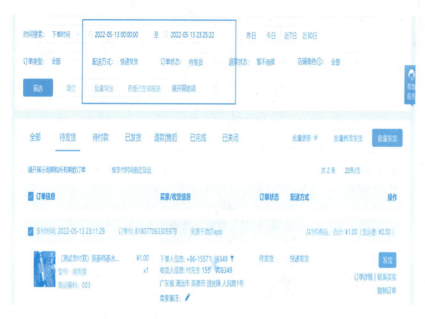

图 5-13 批量发货操作 1

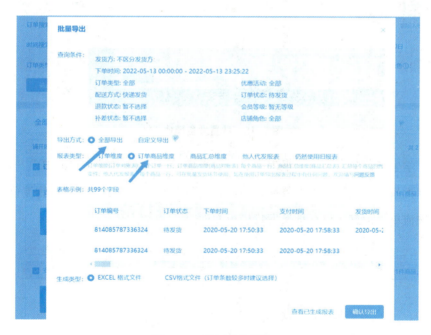

图 5-14 批量发货操作 2

  学生进入报表页面后，等待报表更新，一分钟后刷新页面，点击"下载报表"（见图 5-15）。学生进入订单管理页面，点击"批量发货"，下载"批量发货模板文件"（见图 5-16）。学生打开订单商品维度报表和批量发货模板文件。

图 5-15　批量发货操作 3

图 5-16　批量发货操作 4

学生把订单商品维度报表中的"订单编号""商品 ID""SKU ID"等信息在批量发货模板文件中替换相关信息（见图 5-17）。学生填写好物流公司和物流单号信息，保存批量发货模板文件。

图 5-17　批量发货操作 5

学生回到订单管理页面中，点击"批量发货"，上传"批量发货模板文件"，点击"确定上传"，完成批量发货操作（见图 5-18 和图 5-19）。学生回到订单管理页面中，点击"已发货"，核对订单发货情况。

图 5-18　批量发货操作 6

图 5-19　批量发货操作 7

（三）批量发货失败问题汇总

1. 为什么导入失败？

（1）学生在导入之后看到的结果是"导入失败"，大部分原因是导入模板错误。学生可以检查一下导入模板和系统给的模板文件是否一致，每一列的数据都需要一一对应。

（2）如果模板是正确的，结果还是失败，学生可以重试一下。如果重试仍不行，学生可以找技术人员排查一下。

（3）需要注意的是，如果是整单发货，"商品 ID"和"SKU ID"可以不填，填了错误信息也会导致导入失败。

2. 上传成功，为什么有部分记录发货失败？

（1）修改发货失败，无法从拆单发货修改成整单发货。如果原来发货的时候是拆单发货，后来需要修改物流信息，那也只能是拆单发货，无法修改成整单发货。

（2）修改发货失败，无法从整单发货修改成拆单发货。如果原来发货的时候是整单发货，后来需要修改物流信息，那也只能是整单发货，无法修改成拆单发货。

（3）部分订单状态不满足条件，无法发货。只有状态是"待发货"或"部分发货"才可以发货成功。修改发货时，只有状态是"已发货"的才能修改。处于退款中的，也无法发货。

（4）订单号错误码，核实后重新发起。发货失败的一种可能是订单号确实填错了，另一种可能是登录的店铺账号只能看到该账号对应权限的订单，特别是连锁店的订单需要核实。

（5）订单号重复。相同订单、相同商品，导入了两个不同的快递号，系统只会导入成功一个，另一个无法导入成功。如果是一个订单，相同的商品而数量是多件的，学生应在微店平台填写快递单号，批量发货功能暂不支持。

三、售后处理

在实际运营过程中，卖家与消费者发生售后纠纷是无法避免的。如果发生纠纷，卖家首先应该积极主动与消费者沟通协调，避免事态进一步恶化。根据消费者提供的证据证实后，卖家应依据《中华人民共和国消费者权益保护法》与《中华人民共和国电子商务法》的规定，进行售后处理。

目前，电子商务的退换货规则如下：

如果商家产品有质量问题的，消费者提交举证，商家或平台核实后，随时支持退换货。

如果商家产品无质量问题，大部分商品支持七天无理由退货。

《中华人民共和国消费者权益保护法》第二十五条规定：经营者采用网络、电视、电话、邮购等方式销售商品，消费者有权自收到商品之日起七日内退货，且无需说明理由，但下列商品除外：

（1）消费者定作的；

（2）鲜活易腐的；

（3）在线下载或者消费者拆封的音像制品、计算机软件等数字化商品；

（4）交付的报纸、期刊。

除前款所列商品外，其他根据商品性质并经消费者在购买时确认不宜退货的商品，不适用无理由退货。

依据《中华人民共和国消费者权益保护法》与《中华人民共和国电子商务法》的规定细化为微店平台的售后规则如下：

（1）基本规则。

①微店开通的售后服务包括退款和退货两类。

②售后服务的开放时间为订单交易完成15天内（开通7天退货保障的订单，在买家确认收货后7天才算交易完成；直接到账的订单为发货后15天内），超过15天买家无法发起线上售后申请。

③担保交易、直接到账的订单支持线上售后，货到付款的订单暂不开放售后功能。

（2）买家申请售后退款。

①买家申请售后退款，商家应于7天之内处理；若超过7天未处理，则系统会自动达成退款协议，并将退款金额原路退回至买家的支付账户。

②为避免交易纠纷，买家应先与商家协商一致再退款。商家处理退款之前，买家有2次修改退款信息的机会。

③若商家拒绝退款，买家可以修改退款原因、退款金额和退款说明后再次提交。

④若商家同意退款，所退金额将原路退回至买家的支付账户。

（3）买家申请售后退货。

①买家申请售后退货，商家应于7天之内处理；若商家超过7天未处理，则系统会自动达成退款协议，并将资金原路退回至买家的支付账户。

②为避免交易纠纷，买家应先与商家协商一致再退货。商家处理退货之前，买家有2次修改退货信息的机会。

③若商家同意退货，需要填写正确的退货地址，买家需要按照商家提供的退货地址将商品通过快递退回。

④若商家拒绝退货，买家可以修改退货原因、退款金额和退款说明后再次提交。

⑤买家填写退货物流信息后，商家需要在14天之内处理。若没有收到所退商品或无物流跟踪信息，商家需要与买家沟通物流信息是否正确。

（4）其他说明规定。

①商家应积极配合处理买家的售后申请，若商家在规定时间内未处理买

家的售后申请，则微店有权对商家店铺进行处罚，冻结店铺资金，限制店铺提现。

②每个商品只有 1 次发起售后的机会，买家应谨慎操作，务必要与商家沟通一致后再进行操作处理。

③不支持售后的商品种类说明如下：食品、生鲜、定制类产品等理论上不支持在线售后服务，具体请参见商家对售后服务范围的详细规定。

（一）场景 1：客户未收到货或收到货，申请 7 天无理由退款

学生点击"退款/售后"→"待商家处理退款"→"同意退款"（见图 5-20 和图 5-21）。

图 5-20　退款/售后操作 1

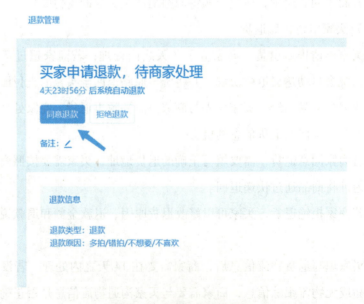

图 5-21　退款/售后操作 2

（二）场景 2：客户反馈商品有质量问题,经证实后,客户申请退款或换货

（1）退款操作：学生点击"同意退款"（见图 5-22），并联系客户邮寄回质量商品，与客户协商好邮费事宜。

（2）换货操作：学生点击"同意换货"（见图 5-22），填写重发商品物流信息后告知客户，并与客户协商质量商品邮寄回收事宜。

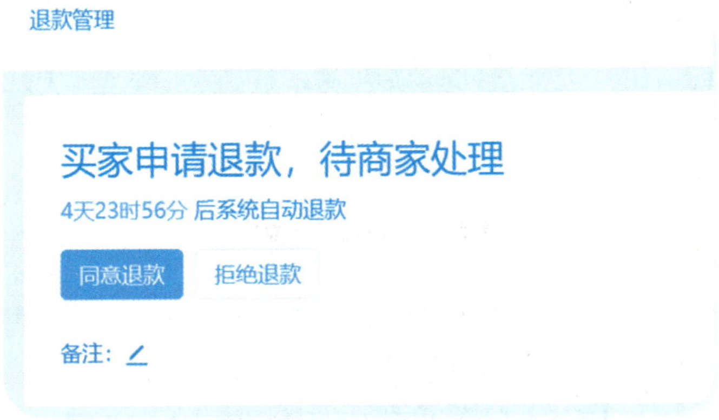

退款管理

买家申请退款，待商家处理

4天23时56分 后系统自动退款

同意退款　　拒绝退款

备注：✎

图 5-22　退款/售后操作 3

四、自提订单核销

对到门店自提的商品，店铺需要开通到店自提功能。开通后，店铺可以添加多个线下自提点，买家下单时可以选择就近的自提点提货，而不需要店铺进行物流配送。为了保障买卖双方的权益，优化市场消费环境，安全等级符合要求的用户，才能使用到店自提服务。

注意：全店分销商不支持开通到店自提。

学生在订单管理页面，筛选出"到店自提"的订单，点击"核销"，输入客户收到的短信核销码（见图 5-23 和图 5-24）；或者使用手机应用程序微店店长版扫一扫客户订单的二维码，完成核销。

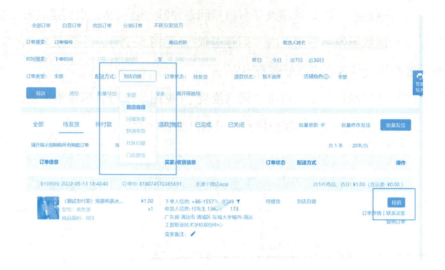

图 5-23　自提订单操作 1

图 5-24　自提订单操作 2

五、订单评价管理

订单评价管理对丰富商品内容和提升店铺信任度是很重要的一环。对好的评价，店铺可以回复感谢客户；对负面评价，店铺需要及时与客户沟通处理，争取为客户提供更好的服务，使客户取消负面评价。

学生点击"评价管理"→"回复评价"，完成对客户的回复（见图 5-25）。

图 5-25　订单评价管理操作

六、课堂实训

小组根据订单商品维度报表和批量发货模板文件完成批量发货的操作。

第二节　物流与配送

实训目标：

✓ 熟练掌握物流设置

✓ 熟练掌握同城配送设置

✓ 熟练掌握到店自提设置

完成物流与配送的设置，能更好地提升店铺的运营效率，避免客户购买后物流无法送达或物流成本过高等带来的问题。物流与配送的业务分类如图 5-26 所示。

图 5-26　物流配送的业务分类

一、物流设置和可配送区域设置

（一）物流设置

学生点击"订单"→"运费设置"，进入设置界面，点击"新建运费模板"，模板名称命名为"店铺包邮"，设置固定运费为 0，并设置为常用模板，点击"保存"（见图 5-27 和图 5-28）。

图 5-27　运费设置

图 5-28　运费模板设置

（二）可配送区域设置

为了避免物流无法送达或物流成本过高的问题，店铺对部分区域进行不提供物流服务的设置。

学生点击"运费设置"→"可配送区域设置"→"新建可配送区域模板"，勾选可配送地区，点击"保存"（见图 5-29 和图 5-30）。

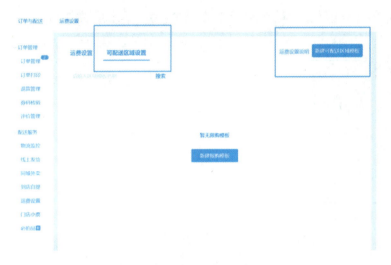

图 5-29　配送区域设置 1

图 5-30　配送区域设置 2

店铺在设置可配送区域后，对商品进行应用。

学生点击"商品"→"商品管理"，勾选所有商品，点击"物流配送"→"可配送区域"，选择可配送地区，点击"确定"（见图 5-31）。

设置完成后，非可配送区域的客户不能进行购买。

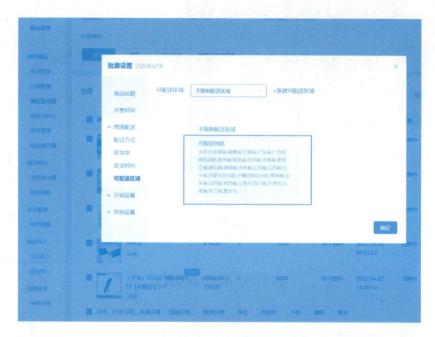

图 5-31　配送区域设置 3

二、同城配送设置

对于 OTO 新零售店铺来说，同城配送是必不可少的一种配送方式。

学生点击"订单管理"→"配送服务"→"同城外卖"，开通同城配送，进入设置页面填写发货地址（见图 5-32）。

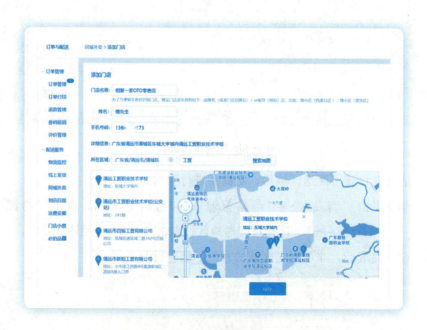

图 5-32　同城配送设置 1

学生设置按距离配送，配送半径5 000米，起送价15元（1 000~3 000米），每增加1 000米，配送费增加1元。学生设置完成点击"保存"（见图5-33和图5-34）。

如需第三方配送服务对接，学生可以勾选"第三方服务商配送"，具体配送费用按照第三方服务商配送服务而定（见图5-35）。

图5-33　同城配送设置2

图5-34　同城配送设置3

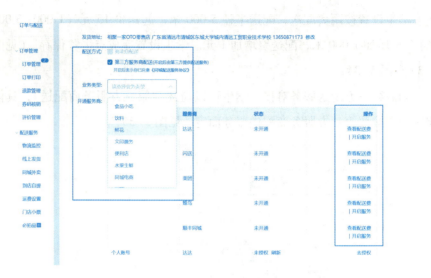

图 5-35　同城配送设置 4

三、到店自提设置

学生进入"到店自提"设置页面，点击"新建自提点"，完善自提点信息，如营业时间、联系电话等。学生完成设置并点击"保存"→"到店自提"开通到店自提服务（见图 5-36 和图 5-37）。如果店铺还分销其他店铺的商品，分销其他店铺的商品不支持到店自提。

图 5-36　到店自提设置 1

图 5-37 到店自提设置 2

四、课堂实训

完成运费设置：学生新建运费模板"店铺包邮"，固定运费为 0 元，设置为常用模板。

设置可配送区域：学生新建可配送区域模板，勾选除了海外的地区，设置为置顶模板。

第三节 订单打印

实训目标：

✓ 熟练掌握电子面单打印插件使用

✓ 熟练掌握通过电子面单批量发货操作

✓ 熟练掌握小票打印

订单打印的类型如图 5-38 所示。

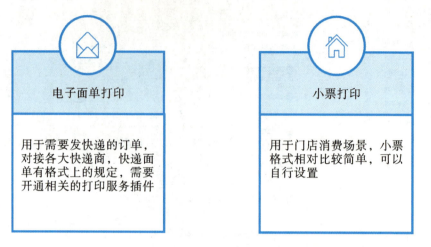

图 5-38　订单打印类型

一、电子面单打印

学生进入订单打印页面，点击"查看更多"，进入应用服务（见图 5-39）。学生点击"订单管理"，选择"风火递"订单管理应用，购买 0 元 7 天试用版（见图 5-40）。购买完成后，学生进入该应用。

图 5-39　电子面单打印操作 1

图 5-40　电子面单打印操作 2

学生绑定店铺微店，点击"打印模板"→"快递单模板"→"新建普通快递单"（见图 5-41 和图 5-42）。

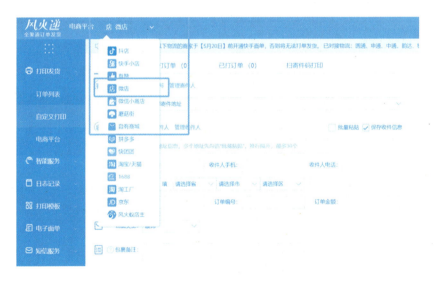

图 5-41　电子面单打印操作 3

图 5-42　电子面单打印操作 4

　　学生选择一款店铺使用的快递商模板，对快递模板进行收/发货人信息、订单信息、自定义信息等编辑和保存（见图 5-43 和图 5-44）。

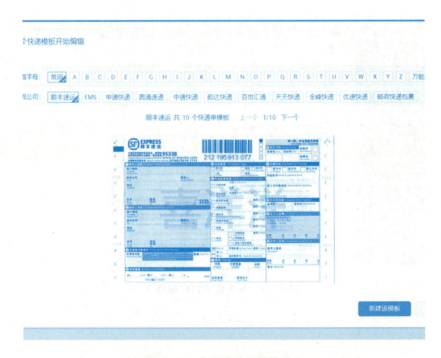

图 5-43　电子面单打印操作 5

图 5-44　电子面单打印操作 6

　　学生返回到订单列表页面，如未出现订单，则点击"手动同步"，生成订单后，筛选出需要打印的订单。学生选择需要打印的订单，进行批量发货，录入快递单号（见图 5-45 和图 5-46）。学生返回到订单列表页面，点击"批量打印快递单"（根据不同应用服务的要求，添加打印机，下载安装该应用打印插件），即可生成包含收发货人信息、快递单号的电子面单。学生将其粘贴在打包完成的商品包装上，可以直接投递到快递站完成发货操作。

图 5-45　电子面单打印操作 7

图 5-46　电子面单打印操作 8

　　如需提高订单快递单号的填写效率，学生可以与合作快递网点快递员联系，开通网点账号绑定。

　　学生点击"电子面单"→"面单账号"→"添加网点账号"，输入账号名称和账号密码，点击"保存"，完成密码绑定（见图 5-47）。学生返回到订单页面，点击"批量发货"，每个订单都自动生成快递单号，无需再填写。

图 5-47　电子面单打印操作 9

二、小票打印

　　学生点击"门店小票"→"小票样式"→"新建小票样式"（见图 5-48）。

图 5-48　小票打印操作 1

学生填写样式名称、小票类型、敏感信息打码、金额信息、商家备注等。另外，平台支持商家在小票底部任意编辑一段文案，可以引导买家加好友。目前，该功能只支持打印二维码信息，商家如果需要在小票底部展示二维码信息，可以上传二维码图片（见图 5-49）。

图 5-49　小票打印操作 2

学生点击"门店小票"→"新建打印方案"，填写方案名称，在打印机底部找到设备号码（终端号）和设备密匙（密匙），填写到打印方案之中，添加编辑好的小票样式，选择一次打印同一订单的小票数量，并设置是否自动打印（见图 5-50 和图 5-51）。

图 5-50　小票打印操作 3

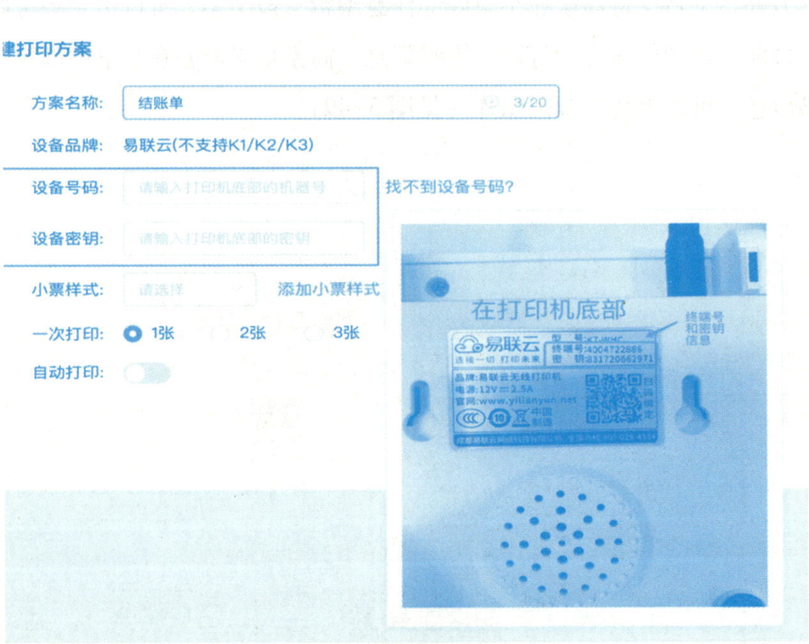

图 5-51　小票打印操作 4

学生如选择自动打印，可以根据订单类型实现自动打印。学生点击"保存"，可以在打印方案列表对打印方案进行启用或停用以及进行测试。学生完成设置后，进入订单管理页面，勾选相关订单可以进行打印（见图 5-52）。

图 5-52　小票打印操作 5

三、课堂实训

根据订单，学生新建一个电子面单打印模板。

第六章

运营数据分析

本章实训技能点梳理：

本章实训技能点梳理如图 6-1 所示。

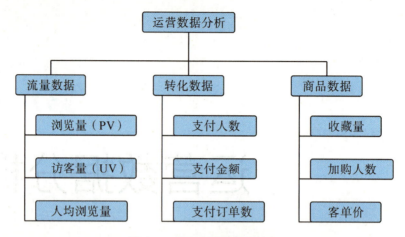

图 6-1　本章实训技能点梳理

实训背景：

相聚一家 OTO 新零售店经过一段时间的运营逐渐走上正轨。面对日新月异的行业变化及激烈的市场竞争，相聚一家 OTO 新零售店必须强化运营策略，以适应行业环境。其中，引流、转化以及利润等方面是运营的重点，运营负责人计划通过对店铺目前积累的数据进行分析，为店铺未来的运营决策提供支持。本章主要针对流量数据、转化数据、商品数据三个方面的运营数据分析得出结论，从而为相聚一家 OTO 新零售店提供决策支撑。

实训目标：

✓ 熟练获取流量数据和进行数据分析

✓ 熟练获取转化数据和进行数据分析

✓ 熟练获取商品数据和进行数据分析

实训操作：

学生以小组为单位，5~7 名学生为一组，设立项目小组开展实训。

第一节 主要数据指标

数据分析的重要性不言而喻，正确选择分析指标是重中之重。本节主要介绍电商行业常用的关键数据指标以及相关的统计分析。

学生点击"数据"→"数据概况"，进入查看店铺的基础运营数据，其中包括实时数据概况（访客量、支付人数、支付订单数、支付金额）。学生进入核心指标页面，查看一段时间内的几个核心指标趋势（见图6-2和图6-3）。

图6-2 数据概况1

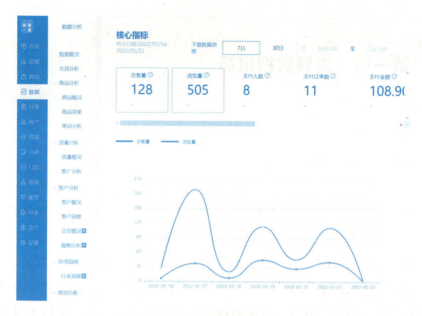

图 6-3　数据概况 2

第二节　流量数据

实训目标：

✓ 熟练获取流量数据和进行数据分析

流量数据是电商数据中非常核心的数据，包括浏览量（PV）、访客量（UV）、登录时间、在线时长等。人均浏览量、人均浏览时长等是从以上指标衍生出来的。

一、流量数据获取

浏览量是指店铺所有页面被访问的次数。统计时间内一人多次访问记为多次。

访客量是指店铺所有页面被访问的去重人数。统计时间内一人多次访问记为一次。

学生点击"数据"→"数据概况"，进入"核心指标"页面，可以看到访客量和浏览量两项数据。学生选择"7 日"的时间范围，点击"下载数据表格"，获取浏览量和访客量的数据（见图 6-4）。

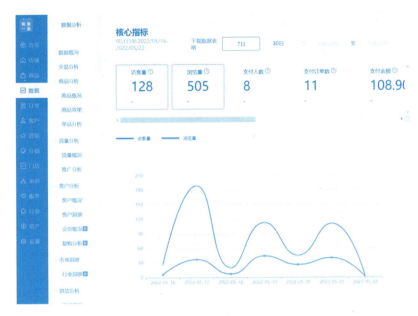

图 6-4　流量数据

二、流量数据分析

人均浏览量是指每个买家在店铺里浏览的平均页面数量。人均浏览量可以从侧面反映浏览深度。

人均浏览量的计算公式如下：人均浏览量＝浏览量（PV）÷访客量（UV）。

人均浏览量越高越好。客户在店铺浏览的页面越多，观看的商品越多，说明客户对店铺的兴趣度和关注度越高。

人均浏览量的计算操作方法如下：

第一步：学生打开下载的核心数据表。

第二步：学生新增一列"人均浏览量"。

第三步：学生输入公式"浏览量（PV）÷访客量（UV）"，即"＝C2/B2"，点击"确定"（见图 6-5）。

第四步：学生下拉表格，即得出每一天的人均浏览量（见图 6-6）。

SUM =C2/B2

	A	B	C	D	E
1	日期	访客量	浏览量	人均浏览量	
2	2022-05-16	6	27	=C2/B2	
3	2022-05-17	37	189		
4	2022-05-18	7	20		
5	2022-05-19	44	113		
6	2022-05-20	26	45		
7	2022-05-21	40	111		
8	2022-05-22	0	0		
9					

图 6-5　流量数据分析 1

D2 =C2/B2

	A	B	C	D	E
1	日期	访客量	浏览量	人均浏览量	
2	2022-05-16	6	27	4.50	
3	2022-05-17	37	189	5.11	
4	2022-05-18	7	20	2.86	
5	2022-05-19	44	113	2.57	
6	2022-05-20	26	45	1.73	
7	2022-05-21	40	111	2.78	
8	2022-05-22	0	0	#DIV/0!	
9					
10					

图 6-6　流量数据分析 2

第三节　转化数据

实训目标：

✓ 熟练获取转化数据和进行数据分析

转化数据是店铺运营中的重要指标，提升店铺转化率是商家综合运营实力的结果。商家需要重点关注转化率，在流量相同的情况下，店铺转化率越高，整体营业收入越高。

转化数据主要有支付人数、支付金额、支付订单数等，还有衍生出的成交转化率。转化数据的分类如图 6-7 所示。

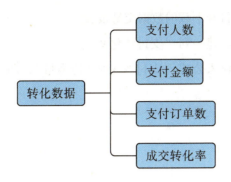

图 6-7 转化数据的分类

一、转化数据获取

学生点击"数据"→"交易分析"→"导出报表",选择"近 7 日"的交易数据,选择"访客量""支付人数""支付订单数、支付金额、支付运费",点击"生成报表"(见图 6-8)。

图 6-8 导出报表

二、转化数据分析

支付转化率是衡量店铺盈利能力的重要指标,即访客转化为支付买家的比例。

支付转化率的计算公式如下:支付转化率=支付买家数÷访客量。

支付转化率越高,说明产品越受欢迎。如果店铺通过很多努力,仍无法提高支付转化率,说明需要调整价格或开展促销活动,促进支付转化率的提高。

支付转化率的计算操作方法如下:

第一步：学生打开下载的数据交易报表。

第二步：学生新建一列"支付转化率"。

第三步：学生输入公式"支付买家数÷访客量"，即"＝C2/B2"，点击"确定"（见图6-9）。

日期	访客量	支付人数	支付订单数	支付金额	支付转化率
2022-05-16	6.00	0.00	0.00	0.00	0.00
2022-05-17	37.00	1.00	1.00	5.00	0.03
2022-05-18	7.00	0.00	0.00	0.00	0.00
2022-05-19	44.00	4.00	4.00	72.00	0.09
2022-05-20	26.00	2.00	4.00	22.60	0.08
2022-05-21	40.00	1.00	2.00	9.30	0.03
2022-05-22	0.00	0.00	0.00	0.00	#DIV/0!

图6-9　支付转化率分析1

第四步：学生下拉表格，计算出每日的支付转化率（见图6-10）。

SUM	f_x	=C2/B2			
	A	B	C	D	E	F	G
1	日期	访客量	支付人数	支付订单数	支付金额	支付转化率
2	2022-05-16	6.00	0.00	0.00	0.00	=C2/B2
3	2022-05-17	37.00	1.00	1.00	5.00	
4	2022-05-18	7.00	0.00	0.00	0.00	
5	2022-05-19	44.00	4.00	4.00	72.00	
6	2022-05-20	26.00	2.00	4.00	22.60	
7	2022-05-21	40.00	1.00	2.00	9.30	
8	2022-05-22	0.00	0.00	0.00	0.00	
9						
10						

图6-10　支付转化率分析2

第四节　商品数据

实训目标：

✓ 熟练获取商品数据和进行数据分析

商品数据是指店铺某一款商品于一段时间内在店铺中的表现。商品数据主要体现该商品的获客能力和盈利能力。

一、商品数据获取

学生点击"数据"→"商品效果",时间周期选择"近7日",选择加购人数、收藏人数、支付订单数、支付金额等关键数据,点击"导出报表"(见图6-11)。

图 6-11 商品数据

二、商品数据分析

在商品数据分析中,加购人数和收藏人数可以体现商品在店铺中的受欢迎程度。客单价反映了商品的获客能力。

客单价的计算公式如下:客单价=商品的支付金额÷商品的支付人数。客单价越高,说明商品的获客能力越强。

客单价的计算操作方法如下:

第一步:学生打开下载的商品数据报表。

第二步:学生新建一列"客单价(元)"。

第三步:学生输入公式"支付金额÷支付订单数",即"=G2/F2",点击"确定"(见图6-12)。

	A	B	C	D	E	F	G	H	I
	数据周期	商品名称	商详链接	收藏人数	加购人数	支付订单数	支付金额(元)	客单价(元)	
2	2022年05月	(测试勿拍)	http://k.we	0	0		0	=G2/F2	
3	2022年05月	(测试勿付款	http://k.we	0.00	0.00	1.00	1.00		
4	2022年05月	(冬奥)科大	http://k.we	0.00	0.00	0.00	0.00		
5	2022年05月	科大讯飞智能	http://k.we	0.00	0.00	0.00	0.00		
6	2022年05月	(冬奥)科大	http://k.we	0.00	0.00	0.00	0.00		
7	2022年05月	蓝牙耳机	http://k.we	0.00	0.00	0.00	0.00		
8	2022年05月	磁吸充电宝	http://k.we	0.00	0.00	0.00	0.00		
9	2022年05月	充电宝	http://k.we	0.00	0.00	0.00	0.00		
10	2022年05月	肉松一口酥	http://k.we	0.00	4.00	3.00	10.50		
11	2022年05月	小酥芙【蛋奶	http://k.we	0.00	1.00	1.00	7.50		
12	2022年05月	鲜切芒果	http://k.we	0.00	1.00	2.00	20.80		
13	2022年05月	鲜切火龙果	http://k.we	0.00	0.00	0.00	0.00		
14	2022年05月	鲜切西瓜	http://k.we	0.00	1.00	1.00	16.50		
15	2022年05月	鲜切火龙果	(http://k.we	0.00	0.00	0.00	0.00		

图 6-12 客单价计算 1

第四步：学生下拉表格，计算出每件商品的客单价（见图 6-13）。

第五步：学生将错误数据改成 0，即可计算出所有商品的客单价。

第六步：学生点击排序，查看客单价最高的商品。

数据周期	商品名称	商详链接	收藏人数	加购人数	支付订单数	支付金额(元)	客单价（元）
2022年05月:	（测试勿拍）	http://k.we	0	0	0	0	#DIV/0!
2022年05月:	（测试勿付款	http://k.we	0.00	0.00	1.00	1.00	1.00
2022年05月:	（冬奥）科大	http://k.we	0.00	0.00	0.00	0.00	#DIV/0!
2022年05月:	科大讯飞智能	http://k.we	0.00	0.00	0.00	0.00	#DIV/0!
2022年05月:	（冬奥）科大	http://k.we	0.00	0.00	0.00	0.00	#DIV/0!
2022年05月:	蓝牙耳机	http://k.we	0.00	0.00	0.00	0.00	#DIV/0!
2022年05月:	磁吸充电宝	http://k.we	0.00	0.00	0.00	0.00	#DIV/0!
2022年05月:	充电宝	http://k.we	0.00	0.00	0.00	0.00	#DIV/0!
2022年05月:	肉松一口酥	http://k.we	0.00	4.00	3.00	10.50	3.50
2022年05月:	小酥芙【蛋奶	http://k.we	0.00	1.00	1.00	7.50	7.50
2022年05月:	鲜切芒果	http://k.we	0.00	1.00	2.00	20.80	10.40
2022年05月:	鲜切火龙果（	http://k.we	0.00	0.00	0.00	0.00	#DIV/0!
2022年05月:	鲜切西瓜	http://k.we	0.00	1.00	1.00	16.50	16.50
2022年05月:	鲜切火龙果（	http://k.we	0.00	1.00	0.00	0.00	#DIV/0!
2022年05月:	鲜切哈密瓜	http://k.we	0.00	1.00	1.00	17.40	17.40
2022年05月:	Meco蜜谷果	http://k.we	0.00	0.00	0.00	0.00	#DIV/0!
2022年05月:	鲜切菠萝	http://k.we	0.00	1.00	2.00	11.60	5.80
2022年05月:	鲜切西哈双拼	http://k.we	0.00	0.00	2.00	11.60	5.80
2022年05月:	鲜香甜糯白玉	http://k.we	0.00	0.00	1.00	5.00	5.00
2022年05月:	百事可乐原味	http://k.we	0.00	0.00	1.00	3.50	3.50
2022年05月:	美年达橙味汽	http://k.we	0.00	1.00	1.00	3.50	3.50
2022年05月:	百事可乐白桃	http://k.we	0.00	0.00	0.00	0.00	#DIV/0!
2022年05月:	百事可乐美年	http://k.we	0.00	0.00	0.00	0.00	#DIV/0!
2022年05月:	无穷 盐焗鸡翅	http://k.we	0.00	0.00	0.00	0.00	#DIV/0!
2022年05月:	美年达可乐 N	http://k.we	0.00	0.00	0.00	0.00	#DIV/0!
2022年05月:	百事可乐七喜	http://k.we	0.00	0.00	0.00	0.00	#DIV/0!

图 6-13　客单价计算 2

三、课堂实训

学生在各自店铺获取流量数据、转化数据、商品数据三项数据报表，分别计算出近七天的人均浏览量、近七天的支付转化率、近七天所有商品的客单价。

第七章

客户运营管理

本章实训技能点梳理：

本章实训技能点梳理如图 7-1 所示。

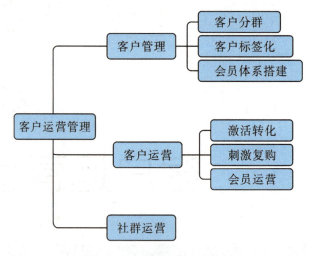

图 7-1　本章实训技能点梳理

实训背景：

相聚一家 OTO 新零售店运营走上正轨后，积累了大批的客户。为了更好地服务客户，同时精准化运营以提升店铺运营效率。运营负责人需要开展客户运营相关工作，主要是对所有客户进行分类管理以及针对不同类型的客户制订不同的运营计划，以达到提升店铺营业额的目标。本章围绕客户运营管理展开，帮助相聚一家 OTO 新零售店达成运营目标。

实训目标：

✓ 熟练掌握对客户群体进行分类
✓ 针对不同客户群体使用不同的运营方式
✓ 熟练操作社群运营

实训操作：

学生以小组为单位，5~7 名学生为一组，设立项目小组开展实训。

第一节　客户管理

实训目标:

✓ 掌握客户分群操作

✓ 掌握客户标签化操作

✓ 掌握会员体系搭建操作

店铺应对进入店铺的所有客户进行相对应的分类和标签化,搭建会员体系,以便在后续运营中能够精准触达客户,提升运营效率和降低无效运营成本。客户管理的方式如图 7-1 所示。

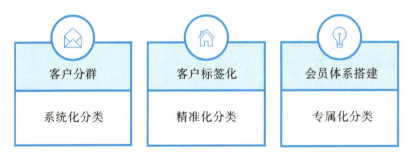

图 7-2　客户管理的方式

一、客户分群

客户分群是指对在店铺有购买行为的客户,店铺通过分析他们的行为和动态,将他们进行归类。之后,店铺通过定向发放优惠券或权益的方式,对这些客户群体进行激活转化。

学生点击"客户"→"客户分群"→"自定义人群"→"新建人群",设置分类条件(见图 7-3)。

图 7-3　客户分群操作 1

学生设置两个分类：30 天内有购买和无购买。

学生将 30 天内有购买行为的客户命名为"活跃客户"。

学生将 30 天内无购买行为的客户命名为"沉睡客户"。

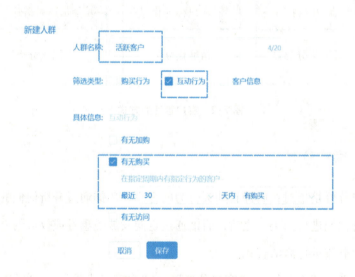

图 7-4　客户分群操作 2

学生完成客户分类后，便于后续进行精准化的管理和营销（见图 7-5）。

图7-5 客户分群管理页面

二、客户标签化

客户标签相对于客户分群更精细化，可以精准到客户的行为喜好、购买能力、所在地等店铺需要手动为客户贴标签（适合少数的重点客户）。店铺可以通过客户标签，对客户进行分类管理，根据不同客户的喜好进行分类标签营销。例如，高价值客户对店铺贡献值高，值得重点运营和服务。

学生点击"客户"→"客户标签"，新建一个客户标签（见图7-6）。

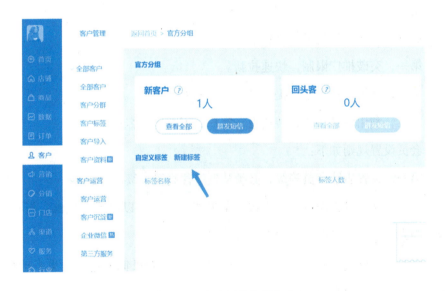

图7-6 客户标签化操作1

以高购买力客户为例，学生点击"客户"→"全部客户"，调整消费金额排序（由高到低），勾选消费金额比较高的客户，批量加标签，选择"高价值客户"标签，完成客户标签化操作（见图7-7）。

图 7-7 客户标签化操作 2

三、会员体系搭建

店铺搭建会员体系是很有必要的，有了会员体系能增加客户对会员权益的认知感和归属感，增强客户黏性。丰富的会员权益更能维系客户，刺激其不断复购。

店铺会员体系的优势如下：

第一，突破推广限制，快速拉新。

第二，维护客户关系，提升老客户复购率。

第三，利用会员权益，转化潜在客户，不断增强客户黏性。

会员设置规则如下：

第一，设置店铺会员等级，必须从低级往高级一级一级设置。

第二，支持设置满金额、满次数的升级条件，可以设置满包邮、折扣、赠品等会员权益，可以设置额外升级礼包。

第三，会员将比普通客户享受的权益更多，如更低的折扣、更多的优惠，从而刺激客户不断复购。

学生点击"客户"→"会员"进入新建普通会员等级页面，逐级往上设置。

学生可以设置以下三个梯度的会员等级：

V1 等级：获得条件为完善资料（手机号、微信号、生日、性别、婚姻状态），不享受权益。

V2 等级：获得条件为消费一次，即可获得满 10 元包邮的权益。

V3 等级：获得条件为消费满 100 元，即可获得全店商品九折优惠的权

益（见图 7-8、图 7-9、图 7-10）。

图 7-8　会员体系搭建操作 1

图 7-9　会员体系搭建操作 2

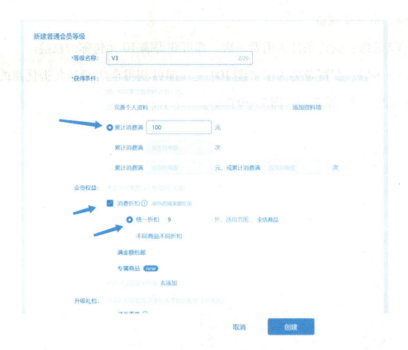

图 7-10 会员体系搭建操作 3

学生完成设置后，点击"更新会员数据"，即完成会员体系搭建（见图 7-11）。

图 7-11 会员体系搭建操作 4

四、课堂实训

学生根据店铺积累的客户，新建一个会员体系，设置以下三个梯度的会员等级：

V1 等级：获得条件为完善资料（手机号、微信号、生日、性别、婚姻状态），不享受权益。

V2 等级：获得条件为消费一次，即可获得满 10 元包邮的权益。

V3 等级：获得条件为消费满 100 元，即可获得全店商品九折优惠的权益。

第二节　客户运营

实训目标：

✓ 掌握激活转化的运营技能

✓ 掌握刺激复购的运营技能

✓ 掌握会员运营的技能

面对不同的客户，商家应设定不同的目标，选择有针对性的方法进行精细化运营。

客户的分类如图 7-12 所示。

图 7-12　客户分类

一、激活转化

对 30 天内无购买客户（沉睡客户），商家可以通过"短信提醒+权益发放"的组合拳，促使这部分客户进店浏览和购买。

（一）发放权益

学生点击"客户"→"客户分群"，进入客户分群页面，点击"定向营销"，命名定向营销计划名称为"沉睡客户"，选择目标人群为"客户分群—沉睡客户"，勾选"送优惠券"，点击"添加优惠券"（见图 7-13 和图 7-14）。

图 7-13　客户激活转化操作 1

图 7-14　客户激活转化操作 2

如果店铺没有现成的优惠券，学生可以新建一张优惠券，设置券名"5 元抵扣券"，库存 100 张，无门槛，领取后 7 天内可用。对 30 天内无购买客户而言，设置无门槛的 5 元抵扣券更能吸引这部分客户。同时，设置时限可以营造紧张氛围，促进客户购买，以达到运营目标。

学生完成设置后点击"保存"，返回到选择优惠券的页面点击"刷新"，选择优惠券，点击"立即开启"。设置完后优惠券权益自动发放到相应分类的客户账户中（见图 7-15、图 7-16、图 7-17）。

图 7-15 客户激活转化操作 3

图 7-16 客户激活转化操作 4

图 7-17 客户激活转化操作 5

权益发放后，客户可以点击店铺页面，进入促销专栏可见此优惠券（见图 7-18）。

图 7-18　客户激活转化应用效果

（二）短信触达

发放权益是第一步，第二步则是要将优惠信息触达客户。学生点击"客户"→"客户分群"，进入"客户分群"页面，点击"发短信"，通知客户（见图 7-19）。

图 7-19　短信触达操作 1

学生进入"新建短信群发"页面，选择短信模板（店铺等级不足不能自行编辑短信）和优惠券链接，发送营销短信，触达目标客户（见图 7-20 和图 7-21）。

图 7-20　短信触达操作 2

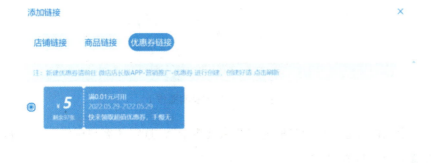

图 7-21　短信触达操作 3

二、刺激复购

面对高价值客户，商家的运营目标应该是提升这部分客户的复购率。特别是对于快消品和食品等高频次消费的商家而言，其应该将重心放在高价值客户上，刺激复购，提升转化率和增强客户黏性，这样能够极大地提升店铺营业额和稳定性。

（一）发放权益

高价值客户是长期重点运营的客户，商家可以选择发放专属会员卡的运营方式，为他们提供专属权益。学生点击"客户"→"客户运营"，在"客户标签"中选择"添加运营计划"（见图7-22）。

图 7-22　刺激复购操作 1

学生设置运营计划名称为"终身九折卡"，选定"客户标签"下的目标人群为"高价值客户"。

学生勾选"送权益卡"，并添加权益卡（见图7-23）。学生新建一张权益卡，设置以下条件：

获得条件为"免费领取"，有效期为"永久有效"，商品折扣为"统一折扣九折"。

学生勾选同意协议，点击"保存"（见图7-24）。学生返回到选择权益卡页面，点击"刷新"，选择权益卡，点击"立即开启"，完成会员卡发放。

图 7-23　刺激复购操作 2

图 7-24　刺激复购操作 3

商家完成对高价值客户的权益发放后，客户可以在"我的"→"卡券包"→"卡包"中查看到会员展示。

图 7-25 刺激复购应用效果

（二）短信触达

学生点击"客户"→"客户运营"，进入客户运营页面，在终身九折卡的运营计划下，点击"发短信"，通知客户获取终身九折卡的信息，提醒客户进店和购买（见图 7-26 和图 7-27）。

图 7-26 短信触达操作 1

图 7-27　短信触达操作 2

三、会员运营

商家借助搭建的完善的会员体系，能更好地不断刺激客户复购，维系客户关系，增强客户黏性。

商家可以在客户下单链接中的重点路径页面上增加店铺会员入口，引导客户注册或升级会员，以此促进激活转化或提升复购率。

（一）引导加入会员

学生点击"客户"→"会员"→"会员引导"，进入会员引导设置页面（见图 7-28）。

图 7-28　引导加入会员操作

学生开启以下路径的引导（见图 7-29）：

店铺首页：给进店新客强烈的会员权益感知。

商品详情页：展示会员专属优惠价。

支付订单页：引导客户购卡下单，增强客户黏性。

客服消息栏：提醒加入会员享受专属客户服务。

个人中心：丰富的权益展示，维系客户。

会员引导路径示例如下：

第一，进店浏览：客户在进入店铺的时候出现加入会员的弹窗。

第二，浏览首页：店铺首页出现加入会员入口的模块。

第三，查看商品和浏览商品详情页：价格下方展示加入会员获得更多优惠的提醒入口。

第四，咨询客服：客户咨询客服的聊天窗口，展示加入会员的入口。

第五，下单成交：客户完成下单后，系统提示加入会员的优惠入口。

商家可以设置全链路引导客户加入会员或升级会员，从而达到积累客户和促进复购的目标。

会员引导路径如图 7-29 至图 7-33 所示。

图 7-29　会员引导路径 1

图 7-30　会员引导路径 2

图 7-31　会员引导路径 3

图 7-32　会员引导路径 4

图 7-33　会员引导路径 5

（二）会员权益发放

当店铺积累了一定数量的会员后，商家可以着手开展会员运营工作，根据不同等级的会员以及运营需要达到的目标，发放相应的会员权益。

学生点击"客户"→"会员"→"普通会员模式"→"批量发福利"，进入"添加运营计划"页面，分别设置 V1 至 V3 等级会员的福利，选择目标人群 V1 至 V3 等级会员，设置优惠券或权益的发送计划（见图 7-34）。

图 7-34　会员权益发放操作 1

会员权益发放参考如下：

V1 等级会员：设置无门槛 5 元券（见图 7-35），目的是促进会员首次购买，提升店铺转化率。

V2 等级会员：设置满 20 减 5 元券（见图 7-36），目的是促进会员复购，提升店铺复购率。

V3 等级会员：设置满 100 减 20 元券（见图 7-37），目的是促进会员消费更高的金额，提升店铺客单价。

添加运营计划

计划名称： V1等级福利   6/20

目标人群： 店铺会员   V1 ⊗

预计发放0人 ①

发放权益： ☑ 送优惠券

券名称	券类型	优惠券信息	使用范围
5元抵扣券	满减券	¥5 无门槛券	全店商品

单次最多仅可给买家发放10张优惠券

☐ 送权益卡

若客户已领该卡（含已过期），本次将不会发放

图 7-35　会员权益发放操作 2

添加运营计划

计划名称： V2等级福利   6/20

目标人群： 店铺会员   V2 ⊗

预计发放1人 ①

发放权益： ☑ 送优惠券

券名称	券类型	优惠券信息	使用范围
满20减5元	满减券	¥5 满20元可用	全店商品

单次最多仅可给买家发放10张优惠券

☐ 送权益卡

若客户已领该卡（含已过期），本次将不会发放

图 7-36　会员权益发放操作 3

图 7-37　会员权益发放操作 4

（三）会员运营的更多方法

1. 会员营销

商家可以基于节日、会员日、会员生日开展定向营销活动，建立更多互动场景来进行会员营销。例如，会员日营销通过使会员在特定会员日内享受专享权益，进而提高店铺销量和复购率；生日营销通过使会员在生日期间得到特别关怀，增强客户黏性；节日营销通过在节日时间烘托节日气氛，提升店铺营业额。

2. 积分体系

商家可以搭建店铺内专门的会员积分体系，设置会员购物奖励、消费抵现、金币商城兑换等形式的优惠。会员积分体系的优点如下：支持下单可使用金币抵现，提升客户复购率；支持设置阶梯式金币发放规则，刺激客户多次消费；支持添加客户，给客户发放金币，增强客户黏性。

3. 会员微信

商家可以在指定人群的会员详情页显示商家二维码或微信号，引导客户主动加微信，实现会员积累。

会员运营应用效果如图 7-38 所示。

图 7-38　会员运营应用效果

四、课堂实训

学生设置会员引导，分别在店铺首页、商品详情页展示加入会员的
入口。

第三节　社群运营

实训目标:

✓ 掌握社群搭建的技能
✓ 掌握社群运营的技能

随着公域流量的获取成本越来越高,商家获客成本和难度在不断上升。对于 OTO 新零售店来说,社群是必不可少的一种低成本的营销渠道。它可以将线上和线下更紧密地连接起来,同时还能更好地服务会员,提升转换化率和复购率。

一、社群搭建

社群搭建的第一步是积累微信好友,因此商家应主动引导店铺会员添加客服微信,快速且持续地将店铺会员添加到商家的微信或社群中。

学生点击"客户"→"会员管理"→"会员",在"会员加微信"中进行设置(见图 7-39)。商家通过在指定页面投放微信二维码或微信号,引导客户主动加好友实现客户沉淀。

图 7-39　社群搭建操作 1

学生点击"添加规则",以会员专属客服的角色,设置微信二维码和微信号,选择投放人群和投放渠道,点击"保存"(见图7-40和图7-41)。

图7-40 社群搭建操作2

图7-41 社群搭建操作3

关于投放人群,商家在初期应投放到全部客户,后期根据运营计划投放到部分客户,以免造成重复投放微信号,引起客户反感。

关于投放渠道,商家应选择会员详情页、个人中心、商品详情页、支付完成页。

学生进入"首页弹窗引导"页面，新建一个弹窗广告，完成设置后点击"保存"，从而在客户首次进入店铺时，引导客户添加微信（见图 7-42 和图 7-43）。

图 7-42　社群搭建操作 4

图 7-43　社群搭建操作 5

关于弹窗样式，商家可以设置"页面中部大弹窗"或"底部小悬浮窗"，前者提醒客户效果更佳，后者对感兴趣的客户引导更精准。

关于弹窗关闭设置，商家可以设置手动关闭，加深客户的印象，同时设置首次弹窗之后不出现，以免影响客户浏览体验。

投放端：H5（网页版）、App、小程序端。

商家通过运营，积累了一定的客户微信好友后，可以开始进行社群运营，将转化来的会员进行留存转化和持续激活。

社群搭建步骤如下：

第一，商家建立相关的活动群或服务群。

第二，商家至少设置客服、运营、气氛组三种角色。

第三，商家设定群规则（如不允许发广告、违法信息等）。

第四，商家控制进群的渠道（以免群员被不法分子利用或骚扰）。

第五，商家制订好群运营计划（时间、内容、活动、参与方式等，避免信息过多而对客户造成困扰）。

第六，客服朋友圈定时更新活动或店铺信息。

二、社群运营流程（活动）

社群运营流程（活动）如图7-44所示。

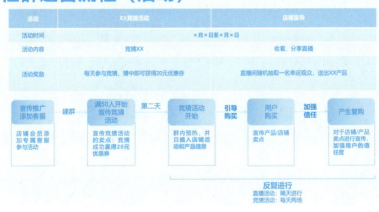

图7-44 社群运营流程（活动）

第八章

营销策划

本章实训技能点梳理：

本章实训技能点梳理如图 8-1 所示。

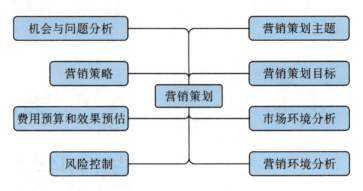

图 8-1　本章实训技能点梳理

实训背景：

相聚一家 OTO 新零售店计划开展一次大规模的营销推广活动。相对以往的局部性营销活动，此次相聚一家 OTO 新零售店准备整合已有资源，线上结合线下做一次全面的品牌推广。此次营销推广的目的首先是在大学城范围内提升品牌的知名度；其次是通过引流产品为商城导流，提升线上与线下商城的活跃度，促成交易；最后是积累客户，做好客户的留存和促进二次消费。

此次营销推广活动涉及业务面广，对商城后续运营影响重大，应先进行全面的市场调查，为营销策划方案提供足够的参考依据。运营团队根据调查报告，制定适合的营销策略，确定营销活动整体的投入和产出比，做好费用预算及效果预估，申请活动的预算资金，对营销推广活动的风险做好应对措施。

本章主要围绕营销策划展开，为相聚一家 OTO 新零售店的营销活动出谋划策。本章实训要求学生能独立完成一份完整的营销策划方案，这对学生未来从事相关工作帮助极大。

实训目标：

✓ 掌握营销策划方案架构

✓ 能够为营销策划确立主题，明确目标

✓ 掌握撰写营销策划方案市场环境分析、营销现状分析、机会与问题

分析（SWOT 分析）的技能

✓ 掌握撰写营销策略的技能

✓ 掌握方案的费用预算编制及效果预估的技能

✓ 熟悉营销方案的风险和对应措施

实训操作：

学生以小组为单位，5~7 名学生一组，设立项目小组开展实训。

第一节　营销策划主题

实训目标：

✓ 掌握策划主题的构思和解读

主题是营销策划方案的灵魂，起到概括和点睛的作用，要求能够概括全局和立意创新。同时，营销策划方案的主题需要契合品牌的特点。主题在确定后，要进行拆解说明，加深立意。

我们以某品牌营销策划主题为例，该品牌主营定制衣柜，产品以时尚风格为主，而且产品主打环保无害，聘请了代言人歌手平安。其营销方案主题高度概括为"爱'尚'平安的家"（见图 8-2）。

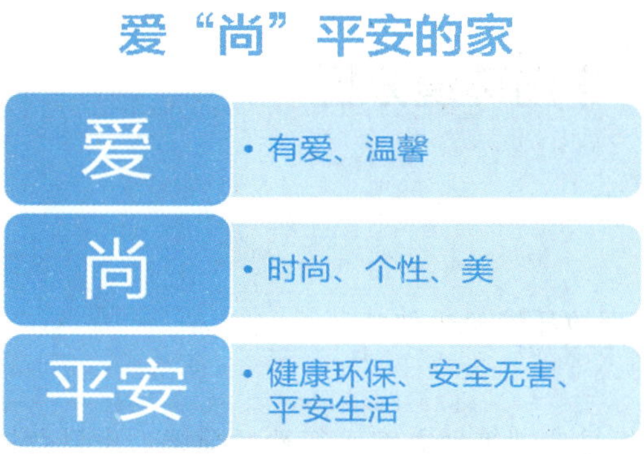

爱"尚"平安的家

爱	• 有爱、温馨
尚	• 时尚、个性、美
平安	• 健康环保、安全无害、平安生活

图 8-2　营销策划主题示例

第二节　营销策划目标

实训目标:

✓ 掌握撰写策划目标的技巧

　　营销策划目标是营销策划的核心部分,也是整个营销策划方案得以展开的要点。营销策划目标的撰写应当分条列明,如有细分目标可以再进行细化说明。同时,营销策划目标的撰写要做到简洁明了,如通过本次营销活动,实现销售额提升、为新品上市造势、品牌知名度提升等。

　　某维生素片产品的营销策划目标如图 8-3 所示。

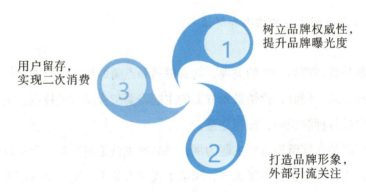

图 8-3　某维生素片产品的营销策划目标

第三节　市场环境分析

实训目标:

✓ 掌握进行市场环境分析的技巧

　　市场环境分析是营销策划方案可行性的前提,也是营销策划方案的指导方向。市场环境分析通常分析产品、行业、经济形势等方向性问题,并引导营销策划方案的策略。市场环境分析包括经济环境分析和产业环境分析。在撰写市场环境分析报告的时候,我们可以从相关的咨询网站或机构获取资料,分析产品、行业、经济形势等,总结概括得出结论。

第四节 营销环境分析

实训目标：

✓ 掌握营销环境分析的技巧

营销环境分析包括对产品的市场销量、竞争对手情况，乃至相关政策情况进行分析。营销环境分析对营销策划方案的策略和实施措施，起到参考和借鉴的作用。在撰写营销环境分析报告的时候，我们应当先收集行业、竞争对手、相关政策法规等资料，理解其中要点，再结合自身产品或行业进行分析，进行各方面的对比。营销环境分析主要包括以下内容：

第一，产品市场销量：总销量、各渠道销量等分析。

第二，竞争对手情况：营销方式、价格、产品、渠道等分析。

第三，政策面分析：政策对产品的支持力度，如某些产品不能投放广告或不支持开展营销活动。

完成营销环境分析后，我们要对客户购买喜好、单价、产品、营销模式等进行总结概括。

某产品的营销环境分析如下：

第一，消费者喜好：外观时尚、价格实惠的类似产品，更受市场青睐。

第二，产品单价：膏体类产品比贴纸类产品单价更高。

第三，产品类型：贴纸类产品比膏体类产品更受消费者青睐。

第五节 机会与问题分析

实训目标：

✓ 掌握机会与问题分析（SWOT分析）的技巧

SWOT分析是基于内外部竞争环境和竞争条件下的态势分析，具体包括将与研究对象密切相关的各种主要优势、劣势、机会、威胁等加以分析，为营销决策提供主要依据。我们应当结合产品或品牌的特点，从优势、劣势、机会、威胁四个角度出发，分别进行分析和总结，各个角度得出 1~2 条结论。

图 8-4 展示了某养生产品的 SWOT 分析。

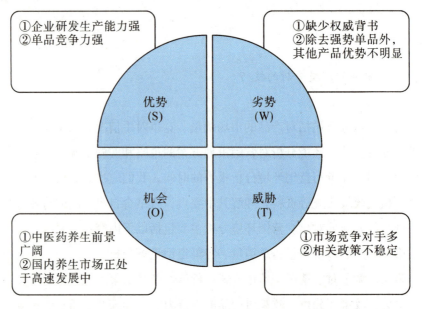

图 8-4　某养生产品的 SWOT 分析

相聚一家 OTO 新零售店目前成为科大讯飞代理商，鼠标、录音笔、翻译笔是代理的主要产品。目前相聚一家 OTO 新零售店准备在大学城范围内策划一次营销活动，主推产品为科大讯飞系列产品。本次营销活动的目标是让大学城的学生都了解相聚一家 OTO 新零售店小程序商城能购买的产品，同时通过该系列产品为商城导流，从而提升商城的销售额。

学生完成以下实训任务：

（1）确定营销策划主题。

（2）撰写营销策划目标。

（3）分析目前 OTO 新零售店的市场状况，并总结。

（4）对 OTO 新零售店的营销现状进行分析，并总结。

（5）对 OTO 新零售店进行 SWOT 分析。

学生以 PPT 的形式完成以上内容成果展示，开展小组讨论，分工完成。相关产品资料进入相聚一家 OTO 新零售店商城查看。

第六节 营销策略

实训目标:

✓ 掌握营销策略的撰写技巧（包括产品、价格、渠道、宣传四大策略）

营销策略是指通过产品策略、价格策略、渠道策略和促销策略，为顾客提供满意的商品和服务而实现企业目标的策略，是营销策划方案最重要的一项内容。

一、产品策略

企业制定经营战略时，首先要明确企业能提供什么样的产品和服务去满足消费者的需求，也就是要解决产品策略问题。产品策略应从如图 8-5 所示的四个方面为品牌或产品分析并提出解决方案。

产品定位	产品功能	产品包装	目标用户
产品定位就是要在目标客户的心目中为产品赋予一定的形象，影响消费者决策	挖掘产品和核心功能为用户解决具体的问题	为产品设计和提供包装，使得产品更契合其特性，并具有吸引力	锁定产品的目标用户群体

图 8-5　产品策略方向

某产品的营销策略如下：

第一，用户群体：年龄 20~35 岁、运动爱好者、文艺工作者、亚健康上班族。

第二，用户需求：更接受便捷的方法、可随身携带。

第三，产品包装优化：颜色鲜艳、多样、时尚以及具有专业感。

二、价格策略

价格策略就是根据购买者各自不同的支付能力和需求情况，结合产品进行定价，从而实现最大利润的定价办法。价格策略的确定参考市场环境分析中的消费者习惯以及营销环境分析中的竞争对手情况等，根据对产品价格、受众、需求等方面分析，提出价格方案。

某产品的价格策略如下：

产品 1：

价格区间：40~50 元。

目标群体：上班族、亚健康人群。

人群特点：购买力比较弱、复购率高。

销售渠道建议：更适合电商渠道销售。

产品 2：

价格区间：100~200 元。

目标群体：中老年人。

人群特点：购买力比较强、需求大。

销售渠道建议：更适合线下门店渠道销售。

三、渠道策略

渠道策略就是要在营销策划中结合实际情况，解决选择什么样的市场渠道的问题，从而把商品销售出去。渠道有直接渠道和间接渠道，如直接销售渠道和分销商渠道；有传统渠道和新型渠道，如门店销售渠道和网络销售渠道；有单一渠道和组合渠道，如纯线上渠道和"线上+线下"组合渠道。不同的渠道也可以进行组合。渠道策略研究报告要根据市场环境分析中的结论，建议使用哪些销售渠道，并一一列举其特点、优势以及销售策略，体现出解决"怎么卖出去"问题的最终答案。

某产品的渠道策略如下：

逐步进入各大分销网络渠道寻找最优销售合作伙伴。

第一，导购平台：进入主流导购平台，与花生日记、美逛、美柚省钱、果冻宝盒、高佣联盟、粉象生活、广州蜜源省钱快报、返利网等导购平台达成销售合作。

第二，社交社群渠道：微博大 V 带货、微信公众号好物推荐，覆盖QQ、微信社群用户。

第三，内容电商渠道：公众号派单带货，抖音、快手等短视频平台达人带货。

四、宣传策略

宣传策略是指促进商品销售的谋略和方法。商家通过各种不同形式的营销活动，激起客户的购买欲望，达到销售的目的。宣传策略形式纷繁多样，没有固定的套路可言，可能是几种宣传策略一起使用。宣传策略集中表现为营销形式，常见的营销形式如图 8-6 所示。

图 8-6　常见的营销形式

（一）活动/事件营销

活动/事件营销是指商家通过策划一系列活动或事件吸引社会大众或媒体的关注，提升企业知名度，树立品牌形象，最终促进销售的手段。活动/事件营销的核心是创意，能够第一时间吸引受众的关注点就成功了一半。商家开展活动/事件营销可以借鉴其他商家或品牌的案例，完善自身的活动/事件营销策划。活动/事件营销要点如下：

（1）重要性：对受众或社会产生一定影响。

（2）接近性：与受众产生共鸣。

（3）显著性：与事件关联的人物、地点等知名度越大越好。

（4）趣味性：让人们感觉新奇有趣。

某产品的活动/事件营销如下：

线上：分享免费领取活动，抽取幸运锦鲤。

线下：关注公众号即可领取，随机选取送福利。

例如，作为 2018 年世界杯法国队的赞助商，华帝推出"法国队夺冠退款套餐"累计销售额 7 000 多万元。华帝在线下终端、线上渠道通过大量海报、广告围绕这一点进行大范围宣传，制造噱头，引发大众的好奇和关注。事后华帝兑现退款诺言，收获了口碑和销售额，华帝凭借着 7 900 万元的"营销费用"撬动了 10 亿元的销售额。

（二）节日营销

节日营销是 OTO 新零售店非常重要的一种营销形式，即借助节日的消费需求及假期氛围，推出活动，促进销售的一种手段。节日营销要点如图 8-7 所示。

明确目标
○ 明确营销的目标，是为了传播品牌形象或提升销售额

突出主题	创新形式
○ 主题有机结合节日和产品，对消费者有一定的冲击力	○ 通过更多新式的活动，吸引消费者参与

产品节日化	一定的促销折扣
○ 根据不同节日消费者的需求，研发不同的产品或推出对应的产品组合	○ 推出享受节日折扣的商品，促进消费者购买

图 8-7　节日营销要点

例如，2022 年六一儿童节前夕肯德基推出儿童套餐，其中一款套餐包含"可达鸭"。通过顶流博主推荐、热搜曝光以及网友二次创作，该套餐引发抢购的热潮。

（三）口碑营销

口碑营销是借助他人为产品介绍或背书，通过社交媒体、公众论坛、社区等平台传播，引起公众的注意进而促使公众购买的营销策略。口碑营销的主要传播载体包括推荐文案、评测视频等。口碑营销通常持续时间比较长，而且连续性强。口碑营销方案的撰写应当进行适当规划，并确立分段目标，再拆解如何通过各种手段实现口碑传播。

口碑营销的 5T 构思法如下：

（1）谈论者（talkers）：会谈论产品或品牌的人，包括意见领袖、普通人、初期核心用户等。

（2）话题（topics）：创造他人值得分享的话题。

（3）操作工具（tools）：扩散话题的渠道，如社交媒体、评测网站、社群等。

（4）互动（taking part）：长期持续与人们互动。建立信任感是口碑传播的关键。

（5）追踪反馈（tracking）：搜集人们的意见或对用户追踪反馈。

某品牌太阳镜口碑营销规划如表 8-1 所示。

表 8-1　某品牌太阳镜口碑营销规划

阶段		第一阶段	第二阶段	第三阶段	第四阶段
时间		1~3 月	4~6 月	7~8 月	10~12 月
核心话题		典雅	时尚	卓越品质、匠心之作	独具一格、创新设计
互动	用户	网友提问→网民讨论→引出本品牌，营造典雅的形象	网友提问→网民讨论→引出本品牌，营造时尚的形象	发起太阳镜工艺的讨论，反映出本品牌的匠心品质	通过网民对有独具特色的太阳镜的讨论，引入本品牌
	论坛社区	发起话题#太阳镜究竟选哪个牌子才有个性风格#	发起话题#哪款太阳镜比较有时尚气息#	发起话题#怎么看出太阳镜的工艺品质#	发起话题#说说你买过最特别的太阳镜#
	用户	提问话题#市面上欧美风格的太阳镜有哪些#	提问话题#××品牌特点是什么#	提问话题#××品牌的镜框舒适吗#	提问话题#有哪些有特色的太阳镜#
	评测博主	通过回答关于太阳镜的问题，并优化和维护，让网友在搜索的信息中更加认同本品牌	占据更多关于太阳镜的回答，引入品牌，配合关键词优化，营造口碑	发起大量关于本品牌品质的问答，凸显本品牌的卓越品质	发布各种问答，配合关键词优化，呈现品牌创新的特点
反馈		收集用户反馈			

口碑营销总结如下：

第一步：精细服务。细致的服务面面俱到，打动消费者。

第二部：换取口碑。品牌利用网络的积极影响制造话题，进行宣传。

第三步：自发传播。品牌的忠实粉丝自发在网上宣传。

（四）折扣促销

折扣促销是商家通过让利减价，给消费者以较明显的价格优惠的营销策略。折扣促销可以有效提高商品的市场竞争力，争取消费者，创造出良好的市场销售态势，是商家使用最频繁的营销方式之一。折扣促销要点如图 8-8 所示。

图 8-8　折扣促销要点

根据前期对相聚一家 OTO 新零售店商城和产品的分析，学生撰写相关的营销策划方案。学生应完成撰写以下营销策划方案：

（1）产品策略：主推的"讯飞系列"产品怎样定位？产品核心卖点是什么？包装该怎么重新设计？锁定哪些目标群体？

（2）价格策略："讯飞系列"产品成本价是售价的八折，以此为基础零售价格怎么定？针对不同群体价格怎么定？最低促销价格怎么定？

（3）渠道策略：除了相聚一家 OTO 新零售商城外，还可以通过什么渠道去销售？

（4）宣传策略：根据以上内容，进行相聚一家 OTO 新零售商城和"讯飞系列"产品的宣传，分别制订活动/事件营销计划、节日营销计划、口碑营销计划、折扣促销计划。

学生以 PPT 形式分工完成以上实训任务，进行小组讨论。

第七节　费用预算

实训目标：

√ 掌握撰写费用预算表的技巧

费用预算包含了整个营销策划方案实施的费用，原则上在控制成本的情况下，"预多不预少"。在企业中开展营销活动，费用预算表编制工作需要与负责企业营销支出岗位或资源收集岗位的工作人员协作完成。费用预算表应该分别列出不同的费用项目，再细化具体的费用，精确到每一项细小费用支出。费用预算的分类如图 8-9 所示。

图 8-9　费用预算的分类

媒体费用：营销中用到的媒体，如图片媒体、视频媒体、平台广告位、竞价信息流媒体等的费用。

物料费用：海报、传单、活动设备等实物的费用。

人工费用：营销中所用到的人员的劳务费用，如活动现场的劳务人员费用、聘请表演人员费用等。

销售费用：通过将产品分发给经销商或个人，产生的报酬或佣金等费用。

费用预算表如表 8-2 所示。

表 8-2　费用预算表

项目		类别	单价/元	数量	合计/元
媒体费用	抖音、快手				
	导购平台				
	小红书				
	直播 （抖音、快手、视频号）				
物料费用	微博				
人工费用	拍摄团队、演员				
销售费用	分销佣金				

第八节　效果预估

实训目标：

✓ 掌握撰写效果预估表的技巧

传播效果预估：营销活动为企业或产品带来的传播效果，一般针对传播性的营销活动。传播效果数据包括覆盖多少人、多少人次参与、阅读量、点赞量、转发量等。

销售效果预估：营销活动为企业或产品带来的销售量，一般针对销售型的营销活动。销售效果数据包括销售总额、单品销售额、客单价等。

效果预估表如表 8-3 所示。

表 8-3　效果预估表

项目	类别	数量	曝光量	粉丝增加量	销售额/元
传播效果指标	新闻通稿				
	口碑维护				
	微信推广软文发布				
	微博推广软文发布				
	抖音视频推广发布				
	抖音运营				
	小红书运营				
销售指标	单品 A				
	单品 B				

第九节　风险控制

实训目标：

✓ 了解营销策划中的风险和应对措施

营销活动执行一定要树立风险防范意识，制定相关的风险防范措施和营销预备方案。

营销风险的分类如图8-10所示。

图 8-10　营销风险的分类

学生就本次营销策划活动估计出费用预算、效果预估以及可能出现的风险，并制定应对措施。

具体实训内容如下：

本次营销活动策划所需要的费用。

本次营销活动策划预估的效果。

本次营销活动策划可能出现的风险和应对措施。

综上所述，营销策划方案架构如图8-11所示。

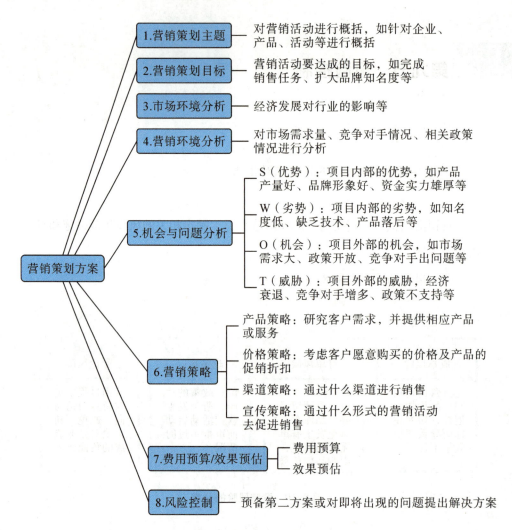

图 8-11　营销策划方案架构